Le monde créé par l'homme

ou notre culture androcentrique

Charlotte Perkins Gilman

Writat

Cette édition parue en 2023

ISBN : 9789359253565

Publié par
Writat
email : info@writat.com

Contenu

I. Quant à l'humanité.

Commençons, inoffensivement, par les moutons. Le mouton est une bête que nous connaissons tous, car elle est très utilisée dans l'imagerie religieuse ; le fonds commun des peintres ; un article de base de l'alimentation ; une de nos principales sources de vêtements ; et un symbole quotidien de pudeur et de stupidité.

Dans certaines régions de pâturage, le mouton est un objet de terreur, détruisant l'herbe, les buissons et la forêt par son grignotage omniprésent ; dans les grandes plaines, l'élevage des moutons aboutit souvent à la folie, en raison de la solitude du berger, de l'apparence et du comportement monotones des moutons.

Le poète préfère les jeunes moutons, l'agneau gambadant gaiement ; à moins que ce ne soit dans des hymnes, où « tout ce que nous aimons les moutons » sont décrits à plusieurs reprises, et où l'accent est mis sur les propensions errantes de l'animal.

L'esprit scientifique s'intéresse tout particulièrement à la ségrégation des moutons, à leur habitude de se suivre les uns les autres avec une imitation automatique. Cet instinct, nous dit-on, a été développé au fil des siècles de courses sauvages et bondées sur des corniches étroites, le long de précipices, de gouffres, autour de contreforts et de virages soudains, seul le leader voyant quand, où et comment sauter. Si ceux qui se trouvaient derrière sautaient exactement comme lui, ils survivaient. S'ils s'arrêtaient pour exercer leur jugement indépendant, ils étaient repoussés et périssaient ; eux et leur jugement avec eux.

Toutes ces choses, et bien d'autres qui sont similaires, nous viennent à l'esprit lorsque nous pensons aux moutons. Ce sont aussi des brebis et des béliers. Oui, vraiment ; mais qu'en est-il ? Tout ce qui a été dit a été dit du mouton, *genre ovis*, cette bête fade, composée de mouton, de laine et de bêtise si largement connue. Si l'on pense au chien de berger (et à la chienne), au berger (et à la bergère), au féroce oiseau mangeur de moutons de Nouvelle-Zélande, au Kea (et au Kea-ess), à tous ces troupeaux, gardes, ou tuez les moutons, les béliers et les brebis. En ce qui concerne le mouton, la laine, le caractère général, nous ne pensons qu'à leur côté penaud, pas du tout à leur côté ramish ou brebis . Ce qui est ovin ou bovin, canin, félin ou équin, est facilement reconnu comme distinguant cette espèce animale particulière et n'a aucun rapport avec le sexe de celle-ci.

Revenant à nos moutons, considérons le bélier et en quoi son caractère diffère de celui du mouton. Nous constatons qu'il a un caractère plus querelleur. Il gratte la terre et fait du bruit. Il a tendance à donner des coups.

Il en va de même pour une chèvre, M. Chèvre. Il en va de même pour M. Buffalo, M. Moose et M. Antelope. Cette tendance à se jeter tête baissée sur un adversaire — et à trouver à vue tout autre gentleman un adversaire — n'appartient évidemment pas aux moutons, au *genre ovis ;* mais à toute créature mâle avec des cornes.

Comme « la fonction passe avant l'organe », nous pouvons même jeter un coup d'œil réminiscence sur le long chemin de l'évolution et voir comment le simple acte de donner des coups – passionnément et perpétuellement répété – né de l'esprit belliqueux du mâle – produisait des cornes !

La brebis, quant à elle, fait preuve d'amour et de soins envers ses petits, leur donne du lait et essaie de les garder. Mais une chèvre aussi, Mme. Chèvre. Tout comme Mme Buffalo et les autres. Évidemment, cet instinct maternel n'est pas une particularité du *genre ovis* , mais de n'importe quelle créature femelle.

Même l'oiseau, bien qu'il ne soit pas un mammifère, montre le même amour maternel et les mêmes soins maternels, tandis que l'oiseau père, bien que n'étant pas un beurre, se bat avec son bec, ses ailes et son éperon. Sa compétition est plus efficace grâce à l'affichage. Le désir de plaire, le besoin de plaire, la nécessité absolue de s'assurer la faveur de la femelle, ont fait fleurir l'oiseau mâle comme un papillon. Il arbore un plumage somptueux, dresse des crêtes et des crêtes hautaines, montre des caroncules tombantes et des taches pendantes comme celles du coq de dinde ; de longues plumes splendides pour un pur ornement apparaissent sur lui ; ce qui en elle n'est qu'un simple effet de queue devient chez lui une masse de draperies scintillantes.

Coq de perdrix, coq de basse-cour, paon, du moineau à l'autruche, observez sa mine ! Se pavaner et languir; exposer tous les beaux leurres; sacrifier l'aisance, le confort, la rapidité, tout — à la beauté — pour elle — telle est la nature de l'oiseau de toute espèce ; le caractère, non pas de la dinde, mais du coq ! Avec des battements d'ailes bruyants, des corbeaux, des cancans et des éclats de chants glorieux, il courtise sa compagne ; affiche ses splendeurs devant elle ; se bat farouchement avec ses rivaux. Se donner des coups, se pavaner, faire du bruit, tout cela par amour ; ces actes sont communs au mâle.

Nous pouvons maintenant généraliser et affirmer clairement : c'est le masculin qui appartient au mâle – à tout ou partie des mâles, quelle que soit leur espèce. C'est le féminin qui appartient à la femelle, à l'une ou à toutes les femelles, quelle que soit l'espèce. C'est-à-dire ovin, bovin, félin, canin, équin ou asinin qui appartient à cette espèce, quel que soit son sexe.

Dans notre propre espèce, tout cela a changé. Nous avons été tellement absorbés par les phénomènes de masculinité et de féminité que notre humanité commune a largement échappé à notre attention. Nous savons que nous sommes humains, naturellement, et nous en sommes très fiers ; mais nous ne considérons pas en quoi consiste notre humanité ; ni comment les hommes et les femmes peuvent ne pas y parvenir, ou en dépasser les limites, en insistant continuellement sur leurs différences particulières. C'est « viril » de faire cela ; c'est « féminin » de faire cela ; mais on ne pense pas à ce qu'un être humain devrait faire dans ces circonstances.

Le seul cas où nous reconnaissons ce que nous appelons « l'humanité commune » est, dans les cas extrêmes, lorsqu'il s'agit de questions de vie ou de mort ; où l'on attend de l'homme ou de la femme qu'ils se comportent comme s'ils étaient également des créatures humaines. Puisque l'éventail des sentiments et des actions propres à l'humanité, en tant que telle, est bien plus large que celui propre aux deux sexes, il semble à première vue quelque peu remarquable que nous lui ayons si peu reconnu.

Une petite classification nous aidera ici. Nous avons certaines qualités communes avec la matière inanimée, comme le poids, l'opacité, la résilience. Il est clair que ce ne sont pas des humains. Nous avons d'autres qualités communes à toutes les formes de vie ; la construction cellulaire, par exemple la reproduction des cellules et le besoin de nutrition. Encore une fois, ceux-ci ne sont pas humains. Nous en avons d'autres, bien d'autres, communs aux mammifères supérieurs ; qui ne sont pas exclusivement les nôtres – ne sont pas spécifiquement « humains ». Quelles sont alors les véritables caractéristiques humaines ? En quoi l'espèce humaine se distingue-t-elle de toutes les autres espèces ?

Notre humanité se manifeste le plus clairement selon trois axes principaux : elle est mécanique, psychique et sociale. Notre pouvoir de fabriquer et d'utiliser des choses est essentiellement humain ; nous seuls disposons d'outils extra-physiques. Nous avons ajouté à nos dents le couteau, l'épée, les ciseaux, la faucheuse ; à nos griffes la bêche, la herse, la charrue, la foreuse, la drague. Nous sommes une créature protéiforme, utilisant la plus grande puissance cérébrale grâce à une grande variété d'armes changeantes. C'est l'une de nos distinctions principales et vitales. Les anciennes races animales sont retracées et connues par de simples os et coquilles, les anciennes races humaines par leurs bâtiments, outils et ustensiles.

Le degré de développement que nous donne l'esprit humain est une distinction claire de race. Le sauvage qui sait compter cent est plus humain que le sauvage qui sait compter dix.

La nature sociale de l'humanité est plus importante que l'un ou l'autre de ces éléments. Nous ne sommes en aucun cas le seul animal du groupe ; Dans cet ancien type d'industrie, la fourmi, et même l'abeille, sont des créatures sociales. Mais les insectes de leur espèce vivent seuls. Les êtres humains, jamais. Notre humanité commence par une forme inférieure de relation sociale et augmente à mesure que cette relation se développe.

La vie humaine, quelle qu'elle soit, dépend de ce que Kropotkine appelle « l'aide mutuelle », et le progrès humain suit absolument cet échange de services spécialisés qui rend la société organique. Le nomade, qui vit de bétail comme les fourmis vivent de leur bétail, est moins humain que le fermier, qui produit sa nourriture grâce à un travail intelligemment appliqué ; et l'extension du commerce, depuis les simples marchés de village jusqu'aux bourses mondiales d'aujourd'hui, est également une extension de l'humanité.

L'humanité, ainsi considérée, n'est pas une chose faite d'un seul coup et immuable, mais une étape de développement ; et est toujours, comme le décrit Wells, « en devenir ». Notre humanité ne réside pas tant dans ce que nous sommes individuellement que dans nos relations les uns avec les autres ; et même cette individualité n'est que le résultat de nos relations les uns avec les autres. Cela dépend de ce que nous faisons et de la manière dont nous le faisons, plutôt que de ce que nous sommes. Certains, à tendance philosophique, exaltent « l'être » plutôt que le « faire ». On peut leur poser cette question : « Pouvez-vous mentionner une forme de vie qui simplement « existe », sans rien faire ?

Pris séparément et physiquement, nous sommes des animaux, *genre homo* ; socialement et psychiquement, nous sommes, à des degrés divers, humains ; et notre véritable histoire réside dans le développement de cette humanité.

Notre période historique n'est pas très longue. La véritable histoire écrite ne remonte qu'à quelques milliers d'années, à commencer par les traces de pierre de l'Égypte ancienne. Durant cette période , nous avons eu presque universellement ce que l'on appelle ici une culture androcentrique. L'histoire, telle qu'elle a été, a été faite et écrite par les hommes.

Le développement mental, mécanique et social leur appartenait presque entièrement. Jusqu'à présent, nous avons vécu, souffert et sommes morts dans un monde créé par l'homme. Cet état a été si général, si ininterrompu, que le mentionner ne suscite pas plus de remarque que l'énoncé d'une loi naturelle. Nous tenons pour acquis, depuis l'aube de la civilisation, que « humanité » signifiait l'humanité et que le monde leur appartenait.

Les femmes que nous avons nettement délimitées. Les femmes étaient un sexe, « le sexe », selon les toasts chevaleresques ; elles étaient réservées à des services spéciaux propres à la féminité. Comme le disait un scientifique anglais en 1888 : « Non seulement les femmes ne constituent pas la race, elles ne constituent même pas la moitié de la race, mais elles constituent une sous-espèce réservée uniquement à la reproduction. »

Cette attitude mentale à l'égard des femmes est exprimée encore plus clairement par M. HB Marriot-Watson dans son article sur "The American Woman" dans le "Nineteenth Century" de juin 1904, où il dit : "Son inquiétude constitutionnelle l'a amenée à abdiquer". ces fonctions qui seules excusent ou expliquent son existence. Il s'agit d'une expression particulièrement joyeuse et condensée de la position relative des femmes dans notre culture androcentrique. L'homme a été accepté comme un type racial sans une seule voix dissidente ; et la femme – une créature étrange, diversifiée, tout à fait disharmonieuse dans le schéma accepté des choses – fut excusée et expliquée uniquement comme étant une femme.

Elle a eu besoin de volumes de telles excuses et explications ; aussi, apparemment, de nombreux abus et condamnations. Dans n'importe quel catalogue de bibliothèque, nous pouvons trouver des livres sur les femmes : physiologiques, sentimentaux, didactiques, religieux – toutes sortes de livres sur les femmes en tant que telles. Aujourd'hui encore, dans les œuvres de Marholm, du pauvre jeune Weininger, de Moebius et d'autres, nous trouvons la même discussion perpétuelle sur les femmes en tant que telles.

C'est un livre sur les hommes en tant que tels. Il fait la différence entre la nature humaine et la nature sexuelle. Nous n'irons pas jusqu'à prétendre que les traits masculins de l'homme ne sont qu'une excuse ou une explication de son existence : mais nous indiquerons quels sont les traits masculins par rapport aux traits humains, et quel a été l'effet sur notre vie humaine de ces traits. domination effrénée d'un sexe.

Nous pouvons voir immédiatement, de manière flagrante, quel aurait été le résultat si l'on avait confié toutes les affaires humaines entre les mains des femmes. Une situation aussi extraordinaire et déplorable aurait « féminisé » le monde. Nous aurions tous dû devenir « efféminés ».

Voyez comment, dans notre langage, ce cas est clairement démontré. Les adjectifs et dérivés basés sur les distinctions féminines sont étrangers et péjoratifs lorsqu'ils sont appliqués aux affaires humaines ; « efféminé » – trop féminin, évoque le mépris, mais n'a pas d'analogue masculin ; tandis que « émasculer », pas assez masculin, est un terme de reproche et n'a pas d'analogue féminin. « Viril » – viril, nous opposons à « puéril » – enfantin, et le mot même « vertu » dérive de « vir » – un homme.

Même dans la dénomination d'autres animaux, nous avons pris le mâle comme type de race, et avons mis une terminaison spéciale pour indiquer « sa femelle », comme dans lion, lionne ; léopard, léopard; tandis que tout notre schéma humain repose sur la même hypothèse tacite ; l'homme étant considéré comme le type humain; la femme, une sorte d'accompagnement et d'assistante subordonnée, simplement indispensable à la formation des personnes.

Elle a toujours tenu la place d'une préposition par rapport à l'homme. Elle a été considérée au-dessus ou au-dessous de lui, avant lui, derrière lui, à côté de lui, une existence toute relative – « la sœur de Sydney », « la mère de Pembroke » – mais jamais, par hasard, Sydney ou Pembroke elle-même.

Partant de cette hypothèse, tous les standards humains ont été basés sur des caractéristiques masculines, et lorsque nous souhaitons louer le travail d'une femme, nous disons qu'elle a « un esprit masculin ».

Il n'est pas facile de nier ou d'inverser une hypothèse universelle. L'esprit humain a connu bien des secousses depuis qu'il commence à penser, mais après chaque bouleversement il se stabilise aussi paisiblement que les vignerons du Vésuve, acceptant la dernière croûte de lave comme sol permanent.

Ce que nous voyons immédiatement autour de nous, ce dans lequel nous naissons et avec lequel nous grandissons, qu'il s'agisse de mobilier mental ou physique, nous supposons qu'il s'agit de l'ordre de la nature.

Si une idée donnée est ancrée dans l'esprit humain depuis de nombreuses générations, comme c'est le cas de presque toutes nos idées communes, il faut un effort sincère et continu pour l'éliminer ; et si c'est l'une des plus anciennes que nous ayons en stock, l'une des grandes idées mondiales communes et incontestées, le travail de ceux qui cherchent à la changer est immense.

Néanmoins, si l'affaire est importante, si l'idée précédente était une erreur palpable, aux conséquences graves et néfastes, et si la nouvelle est vraie et d'une grande importance, l'effort en vaut la peine.

La tâche entreprise ici est de ce genre. Il cherche à montrer que ce que nous avons tout ce temps appelé « nature humaine » et déprécié, n'était en grande partie que la nature masculine, et assez bonne à sa place ; que ce que nous avons appelé « masculin » et admiré comme tel était en grande partie humain et devait s'appliquer aux deux sexes ; que ce que nous avons appelé « féminin » et condamné était aussi largement humain et applicable aux deux sexes. Il est ainsi démontré que notre culture androcentrique a été, et est toujours, une culture masculine excessive, et donc indésirable.

Dans le travail préliminaire visant à aborder ces faits, il sera bon d'expliquer comment il se peut qu'une erreur aussi large et aussi grave ait été commise par pratiquement tous les hommes. La raison est simplement qu'il s'agissait d'hommes. C'étaient des hommes, avides de voir les femmes comme des femmes – et pas autrement.

Cette conviction est si absolue que l'homme qui lit dira : « Bien sûr ! Comment pourrions-nous autrement considérer les femmes autrement que comme des femmes ? Ce sont des femmes, n'est-ce pas ? Oui, ils le sont, car les hommes sont incontestablement des hommes ; mais il est possible que l'état d'esprit de la vieille marquise à qui un ami anglais lui demanda comment elle pouvait supporter que le valet de pied lui serve son petit-déjeuner au lit, qu'elle ait un homme dans sa chambre à coucher, et à qui elle répondit sincèrement : « Appelez-vous. cette chose, il y a un homme ?"

Le monde est plein d'hommes, mais leur occupation principale est un travail humain quelconque ; et les femmes voient en eux la distinction humaine de manière prépondérante. Parfois, une malheureuse dame épouse son cocher – une longue contemplation des larges épaules ayant un effet, apparemment ; mais en général, ce sont les femmes qui voient le plus la créature humaine ; la créature mâle seulement quand elle aime.

Pour l'homme, le monde entier était son monde ; le sien parce qu'il était un homme ; et le monde entier de la femme était le foyer ; parce qu'elle était une femme. Elle avait sa sphère prescrite, strictement limitée à ses occupations et intérêts féminins ; il avait tout le reste de sa vie ; et pas seulement, mais, l'ayant, il a insisté pour l'appeler mâle.

Cela explique l'attitude générale des hommes à l'égard de l'humanisation désormais rapide des femmes. Depuis ses premiers modestes combats vers la liberté et la justice, jusqu'à ses vaillants efforts actuels vers une pleine égalité économique et politique, chaque étape a été qualifiée de « non féminine » et ressentie comme une intrusion dans la place et le pouvoir de l'homme. Ici montre la nécessité de notre nouvelle classification, des trois domaines distincts de la vie – masculin, féminin et humain.

En fait, il existe une « sphère de la femme », nettement définie et tout à fait différente de la sienne ; il existe également une « sphère de l'homme », nettement définie et encore plus limitée ; mais il reste une sphère commune : celle de l'humanité, qui appartient également aux deux.

Dans la première partie de ce que l'on appelle « le mouvement des femmes », celui-ci s'est vivement opposé au motif que les femmes deviendraient « non sexuées ». Notons au passage qu'ils sont devenus asexués sur un point particulier, de manière très flagrante, et que personne ne s'en est aperçu ni ne s'y est opposé.

Dans le cadre de notre culture androcentrique , nous pouvons souligner le renversement particulier des caractéristiques sexuelles qui fait que la femme humaine porte le fardeau de l'ornement. Elle seule, de toutes les créatures humaines, a adopté l'attribut essentiellement masculin d'une décoration sexuelle spéciale ; elle ne se bat pas encore pour son compagnon, mais elle s'épanouit comme le paon et l'oiseau de paradis, dans un renversement poignant des lois de la nature, portant même des plumes masculines pour poursuivre ses objectifs féminins.

Le travail naturel de la femme en tant que femelle est celui de la mère ; le travail naturel de l'homme en tant que mâle est celui du père ; leur relation mutuelle à cette fin étant une source de joie et de bien-être lorsqu'elle est bien entretenue : mais le travail humain couvre toute notre vie en dehors de ces spécialités. Tout artisanat, toute profession, toute science, tout art, tous les divertissements et récréations normaux, tout gouvernement, éducation, religion ; tout le monde vivant des réalisations humaines : tout cela est humain.

Qu'un sexe ait monopolisé toutes les activités humaines, les ait qualifiées de « travail d'homme » et les ait gérées comme telles, c'est ce que signifie l'expression « culture androcentrique ».

II. LA FAMILLE CRÉÉE PAR L'HOMME.

La famille est plus ancienne que l'humanité et ne peut donc pas être qualifiée d'institution humaine. Un bureau de poste, désormais, est entièrement humain ; aucune autre créature n'a de bureau de poste, mais il y a de nombreuses familles parmi les oiseaux et les bêtes ; toutes sortes permanentes et transitoires; monogame, polygame et polyandre.

Nous devons maintenant considérer la croissance de la famille dans l'humanité ; quel est son développement rationnel dans l'humanité ; dans les domaines mécanique, mental et social ; dans l'extension de l'amour et du service ; et l'effet sur lui de cet étrange nouvel arrangement : un propriétaire masculin.

Comme toutes les institutions naturelles, la famille a un but ; et doit être mesuré principalement dans la mesure où il répond à cet objectif ; c'est-à-dire le soin et l'éducation des jeunes. Protéger les petits sans défense, les nourrir et les abriter, leur assurer le bénéfice d'une période d'immaturité toujours plus longue, et ainsi améliorer la race, tel est le but originel de la famille.

Lorsqu'une institution naturelle devient humaine, elle entre dans le plan de la conscience. Nous y réfléchissons ; et, dans notre étrange nouveau pouvoir d'action volontaire, faisons des choses en conséquence. Nous avons fait des choses étranges à la famille ; ou, plus précisément, les hommes l'ont fait.

Balsac , dans sa forme la plus amère, observait : « La vertu des femmes est la meilleure invention de l'homme. » Balsac avait tort. La vertu — la dévotion inébranlable envers un partenaire — est courante chez les oiseaux et certains mammifères supérieurs. Si Balsac voulait dire célibat lorsqu'il parlait de vertu, pourquoi cela est-il une des inventions de l'homme, même si ce n'est pas la meilleure.

Ce que l'homme a fait à la famille, d'une manière générale, c'est de la transformer d'une institution destinée au meilleur service de l'enfant à une institution adaptée à son propre service, véhicule de son confort, de son pouvoir et de sa fierté.

Parmi les millions lourds de l'Orient agité, un enfant — nécessairement un enfant mâle — est désiré pour le crédit et la gloire du père et de ses pères ; au lieu de voir que la seule raison pour laquelle un parent est le meilleur service à l'enfant. Le culte des ancêtres, ce renversement flagrant de toute loi naturelle , est d'origine entièrement androcentrique. C'est parmi les vieilles races patriarcales qu'elle est la plus forte ; persiste dans l'Europe féodale; On retrouve aujourd'hui même en Amérique quelques efforts sporadiques visant à magnifier les actes de nos ancêtres.

La meilleure chose que chacun d'entre nous puisse faire pour ses ancêtres est d'être meilleur qu'eux ; et nous devrions y consacrer notre esprit. Lorsque nous utilisons notre passé simplement comme un guide et que nous concentrons nos nobles émotions sur le présent et l'avenir, nous nous améliorerons plus rapidement.

Les changements particuliers provoqués dans la vie familiale par la prédominance masculine sont faciles à retracer. Dans ces études, nous devons garder clairement à l'esprit les caractéristiques masculines fondamentales : le désir, le combat, l'expression de soi – toutes légitimes et justes lorsqu'elles sont utilisées correctement ; seulement espiègle lorsqu'il est excessif ou déplacé. Grâce à eux, le mâle est amené à une compétition acharnée pour obtenir les faveurs de la femelle ; dans les ardeurs débordantes du chant, comme dans le rossignol et le matou ; dans la splendeur inutile de la décoration personnelle, depuis la poitrine du faisan jusqu'au gilet brodé ; et en lutte directe pour le prix, depuis les cornes verrouillées du cerf jusqu'aux lances heurtées du tournoi.

Nous espérons sincèrement qu'aucun lecteur ne s'offusquera de la référence nécessairement fréquente à ces caractéristiques essentielles de la masculinité. Dans les nombreux livres sur les femmes , c'est naturellement leur féminité qui a été étudiée et développée. Et même si les femmes, après des milliers d'années de discussions de ce genre, sont devenues un peu réticentes face à l'utilisation constante du mot féminin : les hommes, en tant qu'êtres rationnels, ne devraient pas s'opposer à une étude analogue - du moins pas avant un certain temps - quelques siècles ou alors.

Comment, alors, constatons-nous que ces tendances masculines, le désir, le combat et l'expression de soi, affectent le foyer et la famille lorsqu'on leur donne trop de pouvoir ?

Vient d'abord l'effet dans le travail préliminaire de sélection. L'une des forces les plus édifiantes de la nature est celle de la sélection du sexe. Les mâles, nombreux, variés, déversant un flot d'énergie dans de larges modifications, se disputent la femelle, et elle choisit le vainqueur, assurant ainsi à la race les nouvelles améliorations.

Lors de la formation d'une famille propriétaire, il n'y a pas de concurrence, pas de sélection. C'est l'homme, par violence ou par achat, qui choisit : il sélectionne le genre de femme qui lui plaît. La nature n'a pas voulu qu'il sélectionne ; il n'est pas doué pour ça. La femelle n'était pas non plus destinée à la compétition : elle n'est pas douée pour cela.

S'il y a une course entre mâles pour une compagne, le plus rapide l'obtient en premier ; mais si un mâle poursuit plusieurs femelles , il est le plus lent en premier. L'une des méthodes améliore notre vitesse : l'autre non. Si les mâles luttent et se battent pour une compagne, le plus fort la sécurise ; si le mâle lutte et se bat avec la femelle (horreur particulière et contre nature, connue seulement parmi les êtres humains), il s'empare plus facilement des plus faibles. L'une des méthodes améliore notre force, l'autre non.

Quand les femmes sont devenues la propriété des hommes ; vendu et troqué; « donné » par leur propriétaire paternel à leur propriétaire matrimonial ; ils ont perdu cette prérogative de la femelle, ce devoir primordial de sélection. Les mâles n'étaient plus améliorés par leur compétition naturelle pour la femelle ; et les femelles ne se sont pas améliorées ; parce que le mâle ne sélectionnait pas en fonction de points de supériorité raciale, mais en fonction de qualités qui lui plaisaient.

Il y a une localité en Afrique du Nord où les jeunes filles sont délibérément nourries avec une certaine graine huileuse, pour les faire grossir, afin qu'elles soient plus facilement mariées, car les hommes aiment les grosses épouses. Chez certaines tribus africaines plus sauvages, les épouses du chef sont préparées pour lui en étant gardées dans de petites huttes sombres et nourries de « farines » et de mélasse ; exactement comme on engraisse une oie de Strasbourg pour le gourmand. Or, l'embonpoint n'est pas une caractéristique raciale souhaitable ; cela n'ajoute rien au bonheur ou à l'efficacité de la femme ; ou chez l'enfant ; ce n'est qu'un accessoire agréable au maître ; son attitude correspond à celle que la monade amoureuse le dit avec extase dans le poème pittoresque de Sill, "Five Lives",

> *« Ô lèvres de la petite monade féminine !*
>
> *Ô yeux de la petite monade femelle !*
>
> *Ô la petite, petite, femelle, femelle monade !"*

Cette ultra petitesse et cette ultra féminité ont été exigées et produites par notre culture androcentrique.

Suite à cela, et en partie, vient l'effet sur la maternité. Cette fonction était le fondement originel et légitime de la vie familiale ; et son ample pouvoir de maintien tout au long de la longue période initiale du « droit maternel » ; ou comme nous l'appelons, le matriarcat ; le père étant son assistant dans la grande œuvre. Le patriarcat, avec sa famille propriétaire, a complètement changé la donne ; la femme, en tant que propriété de l'homme, était considérée avant tout comme un moyen de plaisir pour lui ; et même si elle était encore considérée comme une mère, c'était à titre tributaire. Ses enfants étaient désormais les siens ; sa propriété, telle qu'elle l'était ; toute la machinerie de la famille était détournée de son véritable usage vers ce nouveau, jusqu'alors inconnu, le service du mâle adulte.

Aujourd'hui encore, nous vivons sous l'influence de la famille propriétaire. On considère que le devoir de la femme implique le service des hommes aussi bien que celui des enfants, et bien plus encore ; car le devoir de la femme envers son mari transcende tout à fait le devoir de la mère envers l'enfant.

Voyez par exemple l'épouse anglaise qui reste avec son mari en Inde et envoie les enfants chez eux pour qu'ils les élèvent ; parce que l'Inde est mauvaise pour les enfants. Voir notre common law selon laquelle l'homme décide du lieu de résidence ; si la femme refuse de l'accompagner dans un lieu qui ne lui convient pas, ni à celui des petits, ce refus de sa part constitue une « désertion » et constitue un motif de divorce.

Revoyez l'idée que la femme doit rester avec le mari, même s'il est ivrogne ou malade ; quel que soit le péché commis contre l'enfant impliqué dans une telle relation. L'opinion publique sur ces questions est en effet en train de changer ; mais dans l'ensemble, les idéaux de la famille créée par l'homme sont toujours d'actualité.

L'effet de cette situation sur la femme a été inévitablement d'affaiblir et d'éclipser son sens du véritable objectif de la famille ; des responsabilités incessantes de son devoir de mère. On lui enseigne d'abord le devoir envers ses parents, avec une lourde sanction religieuse ; puis le devoir envers son mari, renforcé de la même manière ; mais son devoir envers ses enfants a été laissé à l'instinct. On ne lui apprend pas, dès son enfance, son pouvoir prééminent et son devoir de mère ; ses jeunes idéaux sont tous de dévouement envers l'amant et le mari : avec seulement un vague sens des résultats.

La jeune fille est élevée dans ce que nous appelons « l'innocence » ; poétiquement décrit comme « fleur ; » et cette condition est considérée comme l'un de ses principaux « charmes ». Le requis est entièrement androcentrique. Cette « innocence » ne lui permet pas de choisir judicieusement son mari ; elle ne connaît même pas les dangers auxquels elle peut être confrontée. On imagine vaguement que son père ou son frère, qui le sait, la protégeront. Malheureusement, le père et le frère, dans le cadre de notre « double standard » actuel de moralité, ne jugent pas les requérants comme elle le ferait si elle connaissait la nature de leurs délits.

De plus, si son cœur est tourné vers l'un d'eux, aucun conseil général ni aucune opposition ne peuvent l'empêcher de l'épouser. "Je l'aime!" dit-elle sublimement. "Je me fiche de ce qu'il a fait. Je lui pardonnerai. Je le sauverai !"

Cet état d'esprit sert les intérêts de l'amant, mais n'est d'aucun avantage pour les enfants. Nous avons magnifié les devoirs de la femme et minimisé les devoirs de la mère ; et cela est inévitable dans une relation familiale dont toutes les lois et coutumes sont disposées du point de vue masculin.

De ce même point de vue, également essentiel à la famille propriétaire, découle l'exigence selon laquelle la femme doit servir l'homme. Son service n'est pas celui d'un associé et d'un égal, comme lorsqu'elle le rejoint dans son entreprise. Il ne s'agit pas d'une combinaison bénéfique, comme lorsqu'elle exerce une autre activité et qu'ils en partagent les bénéfices ; ce n'est même pas celui du spécialiste, comme le service d'un tailleur ou d'un barbier ; c'est un service personnel – le travail d'un serviteur.

En général, les femmes du monde entier cuisinent et lavent, balayent et époussetent, cousent et raccommodent, pour les hommes.

Nous sommes tellement habitués à cette relation ; Nous avons tenu pendant si longtemps qu'il s'agissait d'une relation « naturelle », qu'il est en effet difficile de démontrer qu'elle est nettement contre nature et préjudiciable. Le père s'attend à être servi par la fille, un service bien différent de celui qu'il attend du fils. Cela montre d'emblée qu'un tel service ne fait pas partie intégrante de la maternité, ni même du mariage ; mais c'est censé être la position industrielle appropriée des femmes, en tant que telle.

Pourquoi cela est-il ainsi? Pourquoi, à première vue, étant donné une fille et un fils, devrait-on attendre de l'un une forme de service qui serait considérée comme ignominieuse par l'autre ?

La raison sous-jacente est la suivante. L'industrie, à la base, est une fonction féminine. Le surplus d'énergie de la mère ne se manifeste pas dans le bruit, ni dans le combat, ni dans l'étalage, mais dans l'industrie productive. Grâce à son pouvoir maternel, elle devint la première inventrice et ouvrière ; étant en vérité la mère de toute industrie ainsi que de tous les hommes.

L'entrée de l'homme dans l'industrie est tardive et réticente ; comme nous le montrerons plus tard en traitant de son effet sur l'économie. Dans ce domaine de la vie familiale, son effet fut le suivant :

Établir la famille propriétaire à une époque où l'industrie était primitive et domestique ; et confinant désormais la femme uniquement au domaine domestique, il la confina par là même à l'industrie primitive. Les industries domestiques, aux mains des femmes, constituent une survivance de notre passé le plus lointain. Un tel travail était un « travail de femme », comme l'était tout le travail connu à l'époque ; ce travail est toujours considéré comme un travail de femme parce qu'il leur est interdit d'en faire un autre.

Le terme « industrie nationale » ne définit pas un certain type de travail, mais une certaine qualité de travail. L'architecture était autrefois une industrie domestique, à l'époque où chaque mère sauvage installait son propre tipi. Se limiter à l'industrie domestique ne constitue pas une véritable distinction entre la féminité ; c'est une distinction historique, une distinction économique, elle fixe une date et une limite au progrès industriel de la femme.

A cet égard, la famille créée par l'homme a permis d'arrêter le développement de la moitié du domaine. Nous avons un monde dans lequel les hommes, industriellement, vivent au XXe siècle ; et les femmes, industriellement, vivent dans le premier – et à l'arrière.

C'est à la même source que nous retraçons les limitations sociales et éducatives imposées aux femmes. Le mâle dominant, tenant ses femmes comme une propriété et farouchement jaloux d'elles, les considérant toujours comme *siennes,* n'appartenant ni à lui-même, ni à ses enfants, ni au monde ; les a entourés de restrictions de mille sortes ; physique, comme chez la dame chinoise infirme ou l'odalisque emprisonnée ; moral, comme dans les doctrines oppressives de soumission enseignées par toutes nos religions androcentriques ; mentale, comme dans l'ignorance forcée dont les femmes émergent si rapidement.

Cette restriction anormale des femmes a nécessairement nui à la maternité. L'homme, libre, grandissant avec la croissance du monde, a grandi avec les siècles, occupant un éventail toujours plus large d'activités mondiales. La femme, liée, n'a pas autant grandi ; et l'enfant naît d'une paternité progressive et d'une maternité stationnaire. Ainsi, la famille créée par l'homme réagit défavorablement à l'égard de l'enfant. Nous privons nos enfants de la moitié de leur hérédité sociale en maintenant la mère dans une position inférieure ; Quelle que soit la légalisation, la consécration ou la solidification du temps, la position du domestique est inférieure.

C'est pour cette raison que la culture de l'enfance est à un niveau si bas et, pour l'essentiel, totalement inconnue. Aujourd'hui, alors que les forces de l'éducation travaillent de plus en plus près du berceau, un nouveau sens s'éveille quant à l'importance de la période de la petite enfance et à son traitement plus sage ; Pourtant, rares sont ceux qui connaissent un tel mouvement, et parmi eux, certains se contentent de mériter facilement des éloges – et de payer – en minimisant le progrès juste pour satisfaire les préjugés des ignorants.

Toute la position est simple et claire ; et facilement traçable jusqu'à sa racine. Étant donné une famille propriétaire, où l'homme tient la femme principalement pour sa satisfaction et son service, alors nécessairement il l'enferme et la garde dans ce but. Ainsi entretenue, elle ne peut pas se développer humainement, comme lui, par le contact social, le service social, une véritable vie sociale. (Remarquons en passant son penchant passionné pour le jeu d'enfant appelé « société » avec lequel elle a pu se divertir ; ce pauvre simulacre de la vie sociale réelle, dans lequel les gens se décorent et s'entassent follement en bavardant, pour quoi s'appelle « divertissement ». Ainsi freinée dans le développement social, nous n'avons qu'une maternité de bas niveau à offrir à nos enfants ; et les enfants, élevés dans les conditions primitives ainsi artificiellement maintenues, entrent dans la vie avec une fausse perspective, non seulement à l'égard des hommes et des femmes, mais à l'égard de la vie dans son ensemble.

L'enfant doit recevoir, dans sa famille, une préparation complète à sa relation avec le monde en général. Sa vie entière doit être passée dans le monde, le servant bien ou mal ; et la jeunesse est le moment d'apprendre comment. Mais le foyer androcentrique ne peut pas lui apprendre. Nous vivons aujourd'hui dans une démocratie : la famille créée par l'homme est un despotisme. Il s'agit peut-être d'une question faible ; le despote peut être détrôné et maîtrisé par son petit harem ; mais alors elle devient le despote, c'est tout. Le mâle est considéré comme « le chef de la famille » ; cela lui appartient ; il le maintient ; et le reste du monde est un vaste terrain de chasse et un champ de bataille où il rivalise avec d'autres mâles comme autrefois.

La petite fille, qui regarde dehors, voit ce champ interdit comme appartenant entièrement à l'humanité ; et sa relation avec lui est de s'en assurer un, non seulement pour aimer, mais pour vivre. Il la nourrira, l'habillera et la décorera ; elle le servira ; de la soumission de la fille à celle de l'épouse qu'elle adopte ; d'une maison à l'autre, et n'entre jamais du tout dans le monde, le monde des hommes.

Le garçon, quant à lui, considère le foyer comme un lieu réservé aux femmes, un lieu inférieur, et aspire à grandir et à le quitter – pour le monde réel. Il a tout à fait raison. L'erreur est que ce grand instinct social, appelant au plein exercice social, à l'échange, au service, est considéré comme masculin, alors qu'il est humain et appartient aussi bien aux garçons qu'aux filles.

L'enfant est affecté d'abord par le retard de développement de sa mère, puis par l'arrêt de l'activité domestique ; et plus encore à travers les mauvais idéaux nés de ces conditions. Un foyer normal, où règne l'égalité humaine entre la mère et le père, aurait une meilleure influence.

Il ne faut pas négliger l'effet de la famille propriétaire sur le propriétaire lui-même. Lui aussi a été quelque peu freiné par cette force réactionnaire. Dans le processus de devenir humain, nous devons apprendre à reconnaître la justice, la liberté et les droits de l'homme ; nous devons apprendre à nous maîtriser et à penser aux autres ; avoir un esprit qui grandit et s'élargit de manière rationnelle ; nous devons apprendre le vaste interservice mutuel et la joie illimitée des relations sociales et du service. Le petit despote du foyer construit par l'homme est gêné dans son humanité par trop de virilité .

Que chaque homme ait une seule femme pour qui cuisiner et le servir est une piètre éducation à la démocratie. Le garçon avec une mère servile, l'homme avec une femme servile, ne peuvent pas atteindre le sentiment d'égalité des droits dont nous avons besoin aujourd'hui. Une considération trop constante des goûts du maître rend le maître égoïste ; et l'attaque contre le cœur, directement ou par cette voie secondaire proverbiale, vers l'estomac, que la femme dépendante doit faire quand elle a besoin de quelque chose, est mauvaise pour l'homme aussi bien que pour elle.

Nous formons lentement un type de famille plus noble ; l'union à deux, fondée sur l'amour et reconnue par la loi, maintenue en raison de son bonheur et de son utilité. Nous nous approchons même maintenant d'une tendresse et d'une permanence de l'amour, d'un grand amour pur et durable ; combiné à la grande amitié et à la camaraderie profondément enracinées entre égaux ; ce qui nous promet plus de bonheur dans le mariage que nous n'en avons encore connu. Ce sera bon pour toutes les parties concernées – hommes, femmes et enfants – et favorisera admirablement notre progrès social général.

S'il lui faut "un chef", il élira un président intérimaire . L'amitié n'a pas besoin de « tête ». L'amour n'a pas besoin de « tête ». Pourquoi une famille devrait-elle le faire ?

III. SANTÉ ET BEAUTÉ.

REMARQUE—Le mot « androcentrique » que nous devons au professeur Lester F.

Salle. Dans son livre « Pure Sociology », Chap. 14, il décrit

la théorie androcentrique de la vie, jusqu'ici universellement

accepté; et présente sa propre « théorie gynécocentrique ».

Tous ceux qui s'intéressent aux aspects scientifiques plus profonds de

cette question est invitée à lire ce chapitre. Professeur Ward

la théorie est à mon avis la plus importante qui ait été

offert au monde depuis la théorie de l'évolution; Et sans

exception la plus importante qui ait jamais été mise en avant

concernant les femmes.

Parmi les nombreux paradoxes que nous trouvons dans la vie humaine, il y a notre faible niveau moyen de santé et de beauté, comparé à notre pouvoir et à nos connaissances. Toutes les créatures souffrent de conflits avec les éléments ; des ennemis extérieurs et intérieurs – les dévoreurs rôdeurs de la forêt, et « la terreur qui marche dans les ténèbres » et attaque le corps de l'intérieur, par millions cachés.

Parmi les animaux sauvages en général, il existe un certain niveau d'excellence ; si vous tirez sur un ours ou un oiseau, c'est un bon échantillon de l'espèce ; vous ne dites pas : « Ô quel laid ! » ou "Ce doit être un invalide!"

Là où nous avons domestiqué un animal et perturbé ses habitudes naturelles, la maladie a suivi ; On dit que le chien est celui qui souffre le plus de maladies, après l'homme ; le cheval vient ensuite ; mais les sauvages nous font honte par leur santé supérieure et la beauté qui appartient au juste développement.

enfance aveugle, nous supposons que la maladie était une visite qui fronçait les dieux ; certains le croient encore, estimant que c'est une prérogative spéciale de la divinité de nous affliger de cette manière. Nous parlons des « maux dont la chair est héritière » comme si l'héritage était impliqué et inaliénable. Ce n'est que ces dernières années, après de nombreuses études et une longue lutte contre cette vieille croyance qui nous soumettait à la maladie comme à un coup de la main de Dieu, que nous commençons à apprendre quelque chose sur les nombreuses causes de nos nombreuses maladies et sur la manière d'en éliminer certaines. d'eux.

Il n'en reste pas moins vrai que presque chacun d'entre nous est anormal à un certain degré ; les traits asymétriques, la vision défectueuse, la digestion peu fiable, le système nerveux irrégulier – nous ne sommes qu'un travail même dans ce que nous appelons « bonne santé » ; et sont soumis à un fardeau de douleur et à une mort prématurée qui rendrait la vie hideuse si elle n'était pas si ridiculement inutile.

Quant à la beauté, nous ne pensons l'attendre que dans des cas rarement exceptionnels. Regardez les visages – les personnages – dans toute foule que vous rencontrez ; comparez l'homme ou la femme moyen avec le type normal de beauté humaine tel que nous le montrent les images et les statues ; et considérez s'il n'y a pas une cause générale à un état de laideur aussi général.

De plus, laisser nos corps défectueux cachés par des vêtements ; quels sont ces vêtements, aussi propices à la santé et à la beauté ? La laideur pratique de nos vêtements masculins et l'absurdité peu pratique de ceux de nos femmes contribuent-elles à la beauté humaine ? Regardez nos maisons : sont-elles belles ? Même les maisons des riches ?

Nous ne savons même pas que nous devrions vivre dans un monde débordant de beauté ; et que notre contribution y soit la plus belle de toutes. Nous sommes tellement absorbés par la laideur terne de nos intérieurs, tellement habitués à qualifier de « bon goût » une palette de couleurs apprivoisées et aux tons bas, que seuls les enfants osent franchement aspirer à la Beauté – et ils en sont rapidement éduqués.

Les raisons spécialement invoquées pour justifier nos faibles normes de santé et de beauté sont l'ignorance, la pauvreté et les effets néfastes des métiers spéciaux. L'homme à la houe devient le frère du bœuf à cause du binage excessif ; le peintre en bâtiment est empoisonné au plomb à cause de sa peinture ; des livres ont été écrits pour montrer l'influence néfaste de presque toutes nos industries sur les ouvriers.

Ces causes sont valables en tant que telles ; mais ne couvrent pas tout le terrain.

Le fermier peut être musclé et courbé par son travail ; mais cela n'explique ni sa dyspepsie ni ses rhumatismes.

Ensuite, nous prétendons que la pauvreté couvre tout. La pauvreté couvre une bonne partie. Mais quand nous trouvons même un sauvage à moitié nourri plus développé qu'un caissier bien payé ; et une paysanne pauvre est une mère plus vigoureuse que l'épouse oisive d'un homme riche, la pauvreté ne suffit pas.

Alors nous disons que l'ignorance l'explique. Mais il y a la plupart des savants professeurs qui sont laids et asthmatiques ; il y a même des médecins qui ne peuvent se vanter d'aucune beauté et d'une santé moyenne ; il y a certains des enfants choyés des riches, à qui tous les soins sont prodigués dès la naissance, et qui sont encore malades à regarder et pire encore à se marier.

Toutes ces causes particulières sont admises, étant donné leur part dans l'abaissement de nos normes, mais il en existe une autre bien plus universelle dans son application et ses effets. Revenons sur nos petits ancêtres, les bêtes, et voyons ce qui les rend si fidèles au type.

Le type lui-même est déterminé par cet équilibre de conditions et de forces que nous appelons « sélection naturelle ». À mesure que l'environnement change , ils doivent s'y adapter, s'ils ne peuvent pas s'y adapter, ils meurent. Ceux qui vivent sont, en vivant, prouvés capables de subvenir à leurs besoins. Chaque créature qui est restée sur terre, alors que tant d'espèces moins efficaces disparaissaient, reste en conquérant. La vitesse du cerf – l'utilisation constante de la vitesse – est ce qui le maintient en vie et le rend beau et en bonne santé. Les activités variées de la vie d'un léopard sont ce qui a développé cette force gracieuse et sinueuse que nous admirons tant. C'est ce que la créature fait pour gagner sa vie, ses exercices quotidiens tout au long de sa vie qui font d'elle ce qu'elle est.

Mais il existe une autre grande force naturelle qui œuvre constamment pour maintenir tous les animaux au niveau de la race ; c'est la sélection sexuelle. Dans toute la nature, le mâle est la variante, comme nous l'avons déjà noté. Son énergie s'exprime non seulement dans cette production abondante d'appendices décoratifs que Ward définit comme une « efflorescence masculine », mais également dans des variations non décoratives, inutiles ou souhaitables du tout.

La femelle, en revanche, varie beaucoup moins, restant plus proche du type racial ; et sa fonction est de sélectionner parmi ces différents mâles les spécimens les plus précieux pour la race. Dans l'intense compétition masculine , le vainqueur doit nécessairement être plus fort que ses semblables ; il se révèle d'abord égal à son environnement en ayant vécu pour grandir, puis plus qu'égal à ses semblables en les surmontant. Ce niveau supérieur de sélection développe également non seulement les caractéristiques nécessaires pour gagner sa vie ; mais des secondaires, souvent d'ordre purement esthétique, qui font grand cas de ce que nous appelons la beauté. Entre les deux, tous ceux qui vivent doivent atteindre un certain niveau, et ceux qui deviennent parents doivent être au-dessus de ce niveau ; un arrangement magistral sûrement !

C'est ici que, au cours de la période de notre histoire humaine, nous, dans notre conscience nouveau-née et notre connaissance imparfaite, avons gravement interféré avec les lois de la nature. L'ancienne famille propriétaire, traitant la femme comme une esclave, la gardant prisonnière et soumise à la volonté de son maître, la coupa aussitôt de l'exercice des activités qui seules développent et entretiennent le type racial.

Prenez la simple qualité de la vitesse. Nous sommes une créature bâtie pour la vitesse, un animal libre, rapide et gracieux ; et chez les sauvages, cela se voit encore : la capacité de courir, kilomètre après kilomètre, heure après heure. Courir est une démarche aussi naturelle pour *le genre homo* que pour *le genre cervus* . Supposons maintenant que parmi les cerfs, il soit interdit à la biche de courir ; le cerf continue en liberté sur la montagne ; la biche vivant dans des grottes et des enclos, inégale à tout exercice. L'effet sur l'espèce serait inévitablement une réduction de sa vitesse.

De cette façon, en limitant les femmes à un petit nombre de tâches, et dans la plupart des cas confinées à la maison, nous avons interféré avec la sélection naturelle et avec la santé et la beauté qui en résultent. On peut facilement voir quel aurait été l'effet sur la race si tous les hommes avaient été voilés et enveloppés, cachés dans des harems, gardés dans la tente ou la maison et confinés aux activités d'un domestique. Nos vaillants ouvriers, nos fiers soldats, nos athlètes ne seraient jamais apparus dans de telles circonstances. Le confinement à la maison seule, privant les femmes du soleil et de l'air, est en soi une blessure ; et la gamme d'occupations qui leur est permise n'est pas de nature à développer un niveau élevé de santé ou de beauté. Ainsi, nous avons coupé la moitié de la race de l'influence croissante de la sélection naturelle, et avons ainsi abaissé nos normes raciales dans une large mesure.

Cependant, cela seul n'aurait pas caché de tels effets néfastes sans notre nouvelle erreur d'inverser complètement l'ordre naturel de sélection sexuelle. Il est tout à fait possible que, même sous confinement et restrictions, les femmes auraient pu maintenir le niveau de la race, passablement, grâce à cette grande fonction de sélection ; mais voici la grande erreur fondamentale de la culture androcentrique. S'assurant d'être le possesseur des femmes, leur propriétaire et maître, capable à volonté de donner, d'acheter et de vendre, ou d'en faire ce qu'il veut, l'homme devient le sélecteur.

Cela semble être un simple changement ; et dans ces premiers jours, totalement ignorants des lois naturelles, on ne soupçonnait aucun mal qui en résulterait. Toutefois, à la lumière des connaissances modernes, la situation est claire. La femme était privée de l'action bienfaisante de la sélection naturelle, et l'homme était alors, par son propre acte, libéré de l'effet sévère mais édifiant de la sélection sexuelle. La sélection naturelle n'exigeait de la femme que des capacités qui plaisaient à son maître ; rien n'était exigé de l'homme par la sélection sexuelle, sauf le pouvoir de prendre de force ou d'acheter une femme.

Il n'est pas nécessaire d'avoir un niveau très élevé d'intelligence, de force, de compétence, de santé ou de beauté féminine pour être une servante , ou même une gouvernante ; en témoigne la moyenne.

Il n'est pas nécessaire d'avoir un niveau très élevé de masculinité, d'intelligence, de force, de compétence, de santé ou de beauté pour maintenir une femme à ce titre – témoin la moyenne.

Ici, à la racine même de notre processus physiologique, au début de la vie, nous avons perverti l'ordre de la nature et nous en subissons les conséquences.

Certains ont soutenu que l'homme, en tant que sélectionneur, a développé la beauté, plus de beauté que nous n'en avions auparavant ; et nous comparons les charmes de nos femmes à ceux de la squaw. La réponse à cette question est que la squaw appartient à une race décadente ; qu'elle aussi est soumise à l'homme, que la comparaison pour avoir du poids doit se faire entre nos femmes et les femmes du matriarcat – une impossibilité évidente. Nous n'avons pas sur terre de femmes dans un état normal de liberté et de plein épanouissement ; mais nous avons suffisamment de différence dans leur placement pour apprendre que la force et la beauté humaines grandissent avec la liberté et l'activité de la femme.

La deuxième réponse est qu'une grande partie de ce que l'homme appelle la beauté chez la femme n'est pas du tout la beauté humaine, mais un surdéveloppement grossier de certains points qui l'attirent en tant qu'homme. L'embonpoint excessif, mentionné précédemment, en est un bon exemple ; cela étant considéré comme une beauté chez une femme qui est en réalité un élément de faiblesse, d'inefficacité et de mauvaise santé. La taille relativement petite des femmes, délibérément préférées, résolument choisies et ainsi intégrées à la race, est un coup porté au véritable progrès humain dans tous ses aspects. Au cours de notre voyage ascendant, nous devrions grandir et nous grandissons, laissant loin derrière nous nos géniteurs nains. Pourtant, l'homme, dans sa position contre nature de sélectionneur, préférant, pour des raisons à la fois pratiques et sentimentales, avoir « sa femme » plus petite que lui, s'est délibérément efforcé d'abaisser le standard de taille dans la course. On lisait dans les romans de la dernière génération : « C'était un magnifique spécimen de virilité » — « Sa tête dorée arrivait à peine jusqu'à son épaule » — « C'était une créature féerique, la plus petite de son sexe ». Ainsi, nous nous sommes accouplés, et pourtant nous nous attendions à ce que, par quelque tour de passe-passe, les garçons « prennent tous la suite de leur père » et les filles, leur mère. Dans ses efforts pour améliorer la race des autres animaux, l'homme n'a jamais essayé de croiser délibérément le grand et le petit et n'a pas espéré maintenir le standard de taille.

En tant qu'homme, il est attiré par l'ultra-féminin et n'a guère réfléchi aux effets sur la race. Il n'a pas été conçu pour faire la sélection. Sous sa garde, nous avons élevé une race de femmes suffisamment faibles physiquement pour être livrées comme des invalides ; ou suffisamment faibles mentalement pour faire semblant de l'être – et pour aimer ça. Nous avons fait des femmes qui répondent si parfaitement à la force qui les a faites, qu'elles attachent toute leur idée de la beauté aux caractères qui attirent les hommes ; parfois humainement laid sans même le savoir.

Par exemple, notre longue restriction aux limites de la maison, les lourdes limitations de nos vêtements et celles plus lourdes du décorum traditionnel ont rendu les femmes disproportionnellement courtes. Il s'agit là d'une caractéristique particulièrement indigne et préjudiciable, élevée chez les femmes et héritée par les hommes, que l'on retrouve surtout parmi les races qui gardent le plus étroitement leurs femmes. Pourtant, lorsqu'une femme échappe à cette tendance et apparaît avec une longueur normale de fémur et de tibia, une hauteur normale de hanche et d'épaule, elle est critiquée et qualifiée de maladroite par ses sœurs trapues !

La preuve la plus commode de l'infériorité des femmes en termes de beauté humaine nous est fournie par ces statues composites préparées par M. Sargent pour l'Exposition universelle de 1993. Celles-ci ont été réalisées à partir de mesures prises dans des gymnases de milliers de jeunes collégiens des deux sexes dans toute l'Amérique. La statue de la jeune fille a un joli visage, des mains et des pieds petits, des bras plutôt jolis, quoique faibles ; mais les pattes sont trop épaisses et trop courtes ; la poitrine et les épaules sont pauvres ; et le tronc est bien pitoyable dans sa faiblesse. La silhouette de l'homme est bien mieux proportionnée.

D'où l'effet sur la beauté humaine de la sélection masculine.

Au-delà de cet effet négatif positif sur les femmes dû au choix arbitraire de l'homme, s'ajoute l'effet négatif du manque de choix de la femme. Achetée, volée ou donnée par son père, elle a été privée du droit et du devoir intrinsèquement féminin de choisir. "Qui a donné cette femme?" nous nous enquêtons encore dans notre service de mariage archaïque, et un homme s'avance et la donne à un autre homme.

Libre, la femelle a choisi le vainqueur et les vaincus sont restés sans union ni progéniture. Dépendants, devant être nourris et soignés par quelqu'un, les vainqueurs font peut-être leur choix, mais les vaincus prennent ce qui reste ; et les pauvres femmes, « se mariant pour avoir un foyer », prennent n'importe quoi. En conséquence , l'homme inférieur est aussi libre de transmettre son infériorité que le supérieur de donner de meilleures qualités, et il le fait – au-delà de toute calcul. De nos jours, les femmes sont plus libres, dans certains pays plus libres que dans d'autres ; ici, dans l'Amérique moderne, c'est la plus libre de toutes ; et le résultat se voit dans l'amélioration de nos normes de santé et de beauté.

Reste cependant le domaine de la compétition inter-masculine, n'est-ce pas ? Les mâles ne luttent-ils pas encore ensemble ? N'est-ce pas, comme autrefois, une source d'avantage pour la race ?

Dans une certaine mesure, c'est le cas. Quand la vie était simple et que nos activités consistaient principalement à combattre et à travailler dur ; le mâle qui pouvait vaincre les autres était plus grand et plus fort. Mais la concurrence entre hommes cesse d'être aussi avantageuse dès lors que l'on entre dans le domaine du service social. Ce qu'il faut dans une société organisée, c'est la spécialisation de l'individu, le développement de talents particuliers, qui ne profitent pas toujours immédiatement à l'homme lui-même, mais qui, en fin de compte, profitent à la société. Le meilleur serviteur social, progressiste, répondant aux besoins futurs, est presque toujours désavantagé par rapport aux types inférieurs bien établis. Nous avons besoin, pour le service social, de qualités bien différentes des simples caractéristiques masculines : le désir, le combat, l'expression de soi.

En gardant ce que nous appelons « le monde extérieur » entièrement masculin, nous maintenons des normes masculines aux dépens des normes humaines. Cela peut être largement observé dans le développement lent et douloureux de l'industrie et de la science, comparé à la domination facile de la guerre tout au long de l'histoire jusqu'à nos jours.

L'effet de toute cette compétition ultra masculine sur la santé et la beauté n'est que trop évident. Chez les hommes, l'idée masculine de ce qui est beau est accentuée au-delà de la raison. Lisez à propos de n'importe quel « héros » ; ou étudiez les produits de l'illustrateur et notez les larges épaules, les traits robustes, la mâchoire forte, carrée et déterminée. Cette mâchoire est visible si tout le reste échoue. Il peut avoir les yeux louches, les oreilles écarquillées, le cou épais, les jambes bandées – comme bon vous semble ; mais il doit avoir une mâchoire plus ou moins prognathe.

En attendant, n'importe quel anthropologue vous montrera que la ligne de développement humain s'éloigne de ces caractéristiques du bouledogue et de l'alligator, et se dirige vers la dignité mesurée du type grec. Le possesseur de ce genre de mâchoire peut permettre au mâle de conquérir le mâle, mais ne le rend pas plus utile à la société ; d'une meilleure santé ou d'une beauté supérieure.

De plus, dans la décoration extérieure de notre corps, quelle est ici l'influence de la domination masculine.

Nous avons déjà parlé de la position particulière de notre race, dans la mesure où la femme est la seule créature féminine qui porte le fardeau de l'ornement sexuel. Cet étonnant renversement de l'ordre de la nature se traduit, dans sa forme la plus légère, par une perversion des instincts féminins naturels d'amour et de service, et par l'apparition des instincts masculins d'expression et d'étalage de soi. Seule parmi toutes les choses féminines, les femmes se décorent, se lissent et exhibent leur plumage emprunté (littéralement !) pour attirer la faveur du mâle. Cette ignominie leur est imposée par leur situation de dépendance économique ; et leur impuissance générale. Comme toute vie dans son ensemble dépend, pour elles, de celui qu'elles épousent, et comme même les nécessités de la vie dépendent si souvent du fait qu'elles épousent quelqu'un, elles ont été poussées vers cette forme de compétition, si étrangère à la véritable attitude féminine.

Le résultat est suffisant pour faire pleurer et rire les anges. Peut-être qu'aucune étape dans l'évolution de la beauté n'est allée plus loin que notre capacité humaine à créer un tissu continu ; doux et mobile, montrant n'importe quelle couleur et texture souhaitée. La beauté du corps humain est suprême, et quand nous y ajoutons le flux de couleurs, l'ondulation du mouvement fluide, qui vient d'un vêtement doux et léger sur des membres libres, c'est un nouveau champ de beauté et de plaisir. Naturellement, cela aurait dû remplir le monde entier d'un nouveau plaisir. Nos vêtements, d'abord sous la bonne sélection naturelle développant une utilisation parfaite, sous la bonne sélection sexuelle développant la beauté ; et en outre, à mesure que notre sens esthétique humain progresse, montrer un noble symbolisme aurait été une force et une gloire supplémentaires, une joie incessante.

Quel est le cas ?

Les hommes, dans un environnement trop strictement inter-masculin, ont développé le costume généralement utile mais sans beauté, commun aujourd'hui ; et les femmes-?

Les femmes portent de beaux vêtements quand c'est la mode ; et des vêtements laids quand ils sont à la mode et ne montrent aucun signe de connaissance de la différence. Ils ne montrent aucune fierté supplémentaire envers le beau, aucune trace de mortification envers le hideux, et ne sont même pas sensibles à la critique, ni ouverts à aucune persuasion ou argument. Pourquoi devraient-ils l'être ?

Leur état physique et mental est en grande partie anormal, toute leur passion passionnée pour l'habillement et la décoration est anormale, et ils n'ont jamais examiné, d'un point de vue franchement humain, leur position et ses particularités, jusqu'à l'époque actuelle.

Concernant l'effet de nos mauvaises relations sur la santé du monde, nous avons parlé du frein à la vigueur et à la croissance dû au confinement des femmes à la maison et à leurs vêtements encombrants. S'ensuivent d'autres influences, d'origine similaire, mais dont le résultat est encore plus mauvais. En classant grossièrement et brièvement, nous pouvons distinguer les maladies dues au mauvais air, à la mauvaise nourriture, et ce domaine de méfaits cruels dont nous commençons seulement maintenant à discuter : les maladies directement dues aux relations erronées entre les hommes et les femmes.

Nous sommes la seule race où la femme dépend du mâle pour gagner sa vie. Nous sommes la seule race à pratiquer la prostitution. De la première relation générale apparemment inoffensive mais anormale découle le mal bien reconnu de la seconde, si longtemps appelé « une nécessité sociale », et de là, dans une séquence mortelle, vient le « salaire du péché » ; mort non seulement des coupables, mais aussi des innocents. Ce n'est pas une mince affaire dans notre critique de la culture androcentrique qu'une société basée sur les seuls désirs masculins ait volontairement sacrifié une telle armée de femmes ; et il a remboursé le sacrifice par les châtiments les plus lourds.

Que la malheureuse tombe malade et meure était considéré comme sa juste punition ; que l'homme aussi doive supporter une partie de la pénalité s'est révélé inévitable, bien que de nombreux efforts législatifs et médicaux aient été déployés pour le protéger ; mais la société ne fait que se réveiller quant aux conséquences ultérieures.

IV. LES HOMMES ET L'ART.

Parmi les nombreuses accusations selon lesquelles les femmes se sont révélées inférieures aux hommes en matière de développement humain, il y a l'accusation souvent entendue selon laquelle il n'existe pas de grandes femmes artistes. Lorsqu'une ou deux d'entre elles sont fièrement exposées, elles sont soit considérées comme peu importantes, soit considérées comme de légères exceptions qui ne font que confirmer la règle.

Les défenseurs des femmes commettent généralement l'erreur de surestimer leurs performances, au lieu d'accepter et d'expliquer les faits visibles. Quels sont les faits quant à la relation des hommes et des femmes à l'art ? Et quel a été, en particulier, l'effet sur l'art d'une expression uniquement masculine ?

Quand on cherche les débuts de l'art, on se retrouve dans une période de décoration grossière de la personne et des objets personnels. Le tatouage, par exemple, est une forme ancienne d'art décoratif, encore pratiquée dans certaines classes sociales, même chez les personnes avancées. La plupart des garçons, s'ils sont en contact avec cet art primitif, l'admirent et souhaitent s'en parer ; certains le font – pour une mortification ultérieure. Les premières décorations personnelles consistaient en grande partie en mutilation directe du corps et en y accrochant ou en y attachant des objets décoratifs. C'est ce que nous voyons encore chez les sauvages, sous ses formes grossières et primitives, monopolisées par les hommes, puis partagées par les femmes et, de nos jours, laissées presque entièrement à elles. Dans la décoration personnelle d'aujourd'hui, la femme est encore proche du sauvage. Les « artistes » développés dans ce domaine de l'art sont les tonsuraux, les vestimentaires et tous ces orneurs spécialisés du corps communément appelés « esthéticiens ».

Ici comme dans d'autres cas, les plus grands artistes sont des hommes. Les plus grands modistes, les plus grands couturiers et tailleurs, les plus grands coiffeurs, ainsi que les maîtres et créateurs de toutes nos toilettes et accessoires décoratifs, sont des hommes. Les femmes, dans ce domaine comme dans tant d'autres, consomment plutôt qu'elles ne produisent. Ils portent aujourd'hui la majeure partie de la décoration personnelle ; mais le décorateur est l'homme. Dans la décoration des objets, la femme, en tant qu'initiatrice de l'industrie primitive, est aussi à l'origine des arts primitifs ; et dans la poterie, la vannerie, le travail du cuir, la couture, le tissage, avec tous les travaux de perlage, de teinture et de broderie des peuples anciens, nous voyons le travail de la femme décoratrice. Une grande partie de cela est fort et beau, mais son temps est révolu depuis longtemps. L'art qui fait partie de l'industrie, naturel, simple, spontané, faisant de la beauté dans tout objet d'usage, ajoutant du plaisir au travail et à la vie, n'est pas l'Art avec un grand A, l'Art qui requiert des Artistes, parmi lesquels il y a si peu de femmes. à noter.

L'art en tant que profession et l'artiste en tant que professionnel sont venus plus tard ; et à cette époque, les femmes avaient abandonné la liberté et le pouvoir du matriarcat et étaient devenues esclaves à des degrés divers. Les femmes qui étaient des animaux de compagnie oisifs dans les harems, ou les femmes qui travaillaient dur comme servantes, étaient également privées de la joie de créer des choses. Là où le travail constructif leur restait, l'art restait, dans sa première forme décorative. Les hommes, dans la famille propriétaire, limitant l'industrie naturelle des femmes au service personnel, ont coupé leur art avec leur industrie, et ont ainsi appauvri le monde.

Il n'y a pas de preuve plus visiblement pathétique du développement avorté des femmes que ce lieu commun : leur manque de sens artistique civilisé. Non seulement dans l'étalage enfantin et sauvage de leurs corps, mais aussi dans les produits pitoyables qu'ils accrochent aux murs de la maison, on voit l'arrêt de leur croissance normale.

Après des âges de culture, au cours desquels les hommes ont développé l'architecture, la sculpture, la peinture, la musique et le théâtre, nous trouvons des femmes dans leur environnement primitif fabriquant des fleurs de cire, de cheveux et de laine ; faisant des devises en carton perforé, fabriquant des courtepointes, des nattes et des « rangements » fous – comme s'ils vivaient dans une époque révolue depuis longtemps, ou appartenaient à une race inférieure.

Ceci, dans le cadre du préjudice général causé aux femmes depuis le début de notre culture androcentrique, a de lourdes répercussions sur le monde dans son ensemble. Les hommes, spécialisés, consacrant leur vie à la poursuite continue d'une ligne de service, ont élevé notre niveau en matière de culture esthétique, comme ils l'ont fait dans d'autres domaines ; mais en refusant la même croissance aux femmes, ils ont non seulement affaibli et réduit la production, mais ont pour ainsi dire ruiné le marché, maintenant désespérément et définitivement le niveau du goût à un niveau bas.

Parmi les nombreux aspects de cette grande question, certains si terribles, certains si pathétiques, certains si complètement absurdes, cette phase particulière de la vie est particulièrement facile à étudier et à comprendre, et a ses propres éléments d'amusement. Les hommes, qui maintiennent les femmes au niveau du service domestique et se dirigent seuls vers des sommets de réussite, ont vu leurs efforts entravés et leurs réalisations rendues stériles et insatisfaisantes par l'incroyable indifférence du monde en général. Étant donné que le monde dans son ensemble est composé pour moitié de femmes et uniquement de leurs enfants, il semblerait évident, pour la compréhension la plus mesquine, que les femmes doivent être autorisées à s'élever afin de soulever le monde. Mais telle n'a pas été la méthode utilisée jusqu'à présent.

Nous avons parlé jusqu'ici dans ce chapitre de l'effet des hommes sur l'art à travers leur interférence avec l'art des femmes. Il y a d'autres aspects à la question. Considérons une fois de plus les caractéristiques essentielles de la masculinité et voyons comment elles ont affecté l'art, en gardant toujours à l'esprit la triple distinction entre masculin, féminin et humain. Peut-être verrons-nous mieux cette différence en considérant ce qu'aurait pu être le développement de l'art en termes purement humains.

La créature humaine, en tant que telle, se plaît naturellement dans la construction et ajoute tout aussi naturellement de la décoration à la construction. Le cuisinier, qui dessine de petits motifs réguliers sur le pourtour de la tarte, le fait par instinct purement humain, par plaisir oculaire inné pour la régularité, la symétrie, la répétition et l'alternance. Si cet instinct social naturel s'était développé sans contrôle en nous, il se serait manifesté par une certaine proportion de spécialistes – des artistes de toutes sortes – et par un développement concomitant d'appréciation de la part du reste d'entre nous. C'est le cas de l'art primitif ; le créateur de beauté est soutenu et récompensé par une appréciation populaire de son travail – ou du sien.

Si cette condition avait persisté, nous aurions trouvé un niveau général d'expression et d'appréciation artistique bien plus élevé que celui que nous connaissons aujourd'hui. Prenons par exemple le seul domaine de l'art textile : ce moyen d'expression vaste et fluide, la confection de tissus variés, la confection de vêtements et leur décoration – tout cela est un travail humain et un plaisir humain. Cela aurait dû nous conduire à une condition où chaque être humain était un plaisir pour les yeux, convenablement et magnifiquement vêtu.

Notre situation réelle dans ce domaine est trop évidente pour qu'il soit nécessaire d'y insister ; la laideur raide et noire de la tenue vestimentaire de nos hommes ; la folie bigarrée et irritante de nos femmes ; la façon dont nous gâchons la beauté et faisons honte à la dignité de l'enfance par nos modes vestimentaires.

Dans une croissance humaine normale, nos maisons seraient un plaisir pour les yeux ; nos meubles et nos ustensiles, tous nos produits sociaux, s'épanouiraient en beauté aussi naturellement qu'ils le font encore dans ces stades inférieurs de l'évolution sociale où nos erreurs majeures n'ont pas encore porté pleinement leurs fruits.

L'art appliqué sous toutes ses formes est une fonction humaine, commune à chacun dans une certaine mesure, soit dans la production, soit dans l'appréciation, ou les deux. « L'art pur », en tant qu'idéal, est aussi humain ; et le dévouement sans réserve du véritable artiste à cet idéal est l'une des formes les plus élevées du sacrifice social. Parmi les mille manières par lesquelles l'humanité se spécialise dans l'interservice, aucune n'est plus exquise que celle-ci ; l'évolution de l'œil, de l'oreille ou de la voix sociale, le développement de ceux dont le travail est entièrement pour les autres et pour qui l'appréciation des autres est comme le pain de vie. C'est ce que nous devrions avoir dans une communauté correctement développée ; le plaisir des arts appliqués dans la fabrication et l'utilisation de tout ce que nous possédons ; et alors la grande joie du grand artiste et de son noble travail se répandit partout.

Que trouve-t-on ?

Art appliqué à un niveau très bas ; petite joie soit pour le fabricant soit pour l'utilisateur. L'art pur, une spécialité raffinée, un processus mené par quelques élus qui méprisent ouvertement le grand nombre qui n'apprécie pas. L'art est devenu une profession occulte exigeant une longue éducation spéciale pour en profiter, et évoluant dans un jargon critique qui devient chaque année plus ésotérique.

Voyons maintenant quelle part de ce résultat indésirable est due à notre culture androcentrique.

Dès que le mâle de notre espèce a assumé le droit exclusif d'exercer toutes les fonctions sociales, il a nécessairement apporté à cet exercice les avantages – et les inconvénients – de la masculinité, de ces caractéristiques dominantes que sont le désir, le combat, l'expression de soi.

Le désir a pris le pas sur l'art sous de nombreuses formes visibles ; il occupe une place importante dans la peinture et la musique, monopolise presque la fiction et a pitoyablement dégradé la danse.

Le combat ne s'exprime pas si facilement dans l'art, où même la compétition est à un niveau élevé ; mais le dernier élément est le mal principal, l'expression de soi. Cette impulsion est intrinsèquement et indéracinablement masculine. Il repose sur la distinction la plus fondamentale entre les sexes, les forces centripètes et centrifuges de l'univers. Dans la nature même du spermatozoïde et de la cellule germinale, nous trouvons cette différence : l'un attire, rassemble, aspire ; l'autre repousse, disperse, repousse. Cette impulsion projective se voit partout dans la nature masculine ; le besoin constant d'expression, de vantardise et d'étalage. Cet esprit, comme tout ce qui est masculin, est parfaitement juste et admirable à sa place.

C'est le devoir de l'homme, en tant qu'homme, de varier ; éclatant en mille modifications changeantes : la femelle, en sélectionnant, peut ainsi incorporer des changements bénéfiques dans la race. C'est son devoir de s'exprimer ainsi, devoir essentiellement masculin ; mais la masculinité est une chose et l'art en est une autre. Ni le masculin ni le féminin n'ont leur place dans l'art : l'art est humain.

Cela n'est en aucun cas lié aux processus personnels de reproduction ; mais c'est un processus social, un processus social très distinctif, bien au-dessus du plan du sexe. Le véritable artiste transcende son sexe, ou son sexe. Si ce n'est pas le cas, l'art en souffre.

La danse est un art ancien et magnifique ; expression directe de l'émotion à travers le corps ; commençant par le type sous-humain, parmi les oiseaux mâles, comme l'oiseau-jardin de Nouvelle-Guinée et la grue dansante, qui se balancent et se cabrent devant leurs compagnons. Chez les premiers peuples, nous le trouvons comme une forme courante d'expression sociale dans les danses tribales de toutes sortes, religieuses, militaires et autres. Plus tard, cela devient une forme de célébration plus explicite, comme chez les Grecs ; dans la culture personnelle exquise de laquelle la danse et la musique tenaient une place importante.

Mais sous les effets progressifs d' une domination purement masculine , nous trouvons les éléments humains plus larges de la danse laissés de côté et l'élément sexuel de plus en plus accentué. Telle que pratiquée par les hommes seuls, la danse est devenue une simple démonstration d'agilité physique, une forme d'exhibition commune à tous les hommes. Telles que pratiquées ensemble par les hommes et les femmes, nous avons nos danses sociales, si dépourvues de toute la beauté variée de la posture et de l'expression, qui deviennent si progressivement une forme agréable de badinage.

Tel que pratiqué par les femmes seules, nous avons l'une des preuves les plus claires de l'effet dégradant de la domination masculine : la danseuse. Dans le franc sensualisme de l'Orient, ce personnage est admiré et apprécié selon ses mérites. Nous, plus avertis en la matière, plaisantons honteusement sur « la dispute des chauves », et éclatons parfois en scandales aigus lors de quelque dîner où des dames vêtues d'un voile et d'un bracelet dansent sur la table. Nulle part ailleurs dans toute la vie sur terre, on ne retrouve cette dégradation : la femelle cabriole et caracole devant le mâle. C'est absolument et essentiellement sa fonction, pas la sienne. Le fait que nous, en tant que race, présentons ce spectacle pitoyable, un art naturel arraché à des fins contre nature, un art noble dégradé à des fins ignobles, a une cause claire.

L'architecture, de par sa nature, est la moins affectée par cette même cause. Les besoins humains qu'il assure sont si humains, si inévitablement humains, qu'on y retrouve moins de traces de masculinité excessive que dans d'autres arts. Elle répond à nos revendications sociales, elle exprime de manière durable notre sentiment social, jusqu'au plus haut ; et elle a été blessée moins par un excès de masculinité que par un manque de féminité.

L'expression architecturale la plus universelle se trouve dans la maison ; la maison est essentiellement un lieu pour la femme et l'enfant ; Pourtant, les besoins de la femme et de l'enfant ne s'expriment pas dans notre architecture domestique. La maison est construite sur la base d'anciens précédents, principalement sous forme industrielle ; la cuisine est son centre de travail plutôt que la crèche.

Chaque homme souhaite que son foyer préserve et isole sa femme, son petit harem ; et elle doit y travailler pour son confort ou manifester sa capacité à la maintenir dans l'oisiveté. La maison est l'expression physique des limites des femmes ; et en tant que tel, il remplit le monde d'une petite laideur terne. Une maison d'habitation est rarement un bel objet. Pour être tel, il faut qu'il exprime véritablement des relations simples et naturelles ; ou grandir en beauté à mesure que nos vies se développent.

L'impasse du progrès architectural, le bas niveau de notre goût général, la prédominance éternelle du commun dans les bâtiments, sont le résultat naturel de la famille propriétaire et de son expression sous cette forme.

Dans la sculpture, nous avons un art noble qui se met au service d'une certaine manière à travers de nombreuses limitations. Son contrôle, dans la mesure où il relève de cette ligne d'étude, a été indiqué dans notre dernier chapitre ; la dégradation du corps humain, les normes vicieuses de la conscience sexuelle imposées sous le nom de pudeur, la laideur cachée, que nous ne reconnaissons pas, tout cela est une blessure mortelle au travail libre et élevé de la sculpture.

Avec une féminité noblement égale, vaillante et athlétique ; avec les normes élevées de beauté et de décorum que nous ne pourrons jamais avoir sans une féminité libre ; nous devrions montrer un produit différent dans ce grand art.

Une remarque intéressante en passant est la suivante : lorsque nous cherchons à exprimer socialement nos idées les plus nobles, la Vérité ; Justice; Liberté; nous utilisons le corps de la femme comme le type humain le plus élevé. Mais ce faisant, l'artiste, fidèle à l'humanité et non biaisé par le sexe, nous offre une figure forte et grandiose, belle certes, mais jamais *décorée* . Fantaisie Liberty avec volants et volants, avec des anneaux aux oreilles ou au nez.

La musique est blessée par une manipulation unilatérale, en partie par l'excès de la passion masculine dominante, en partie par la présence générale de l'égoïsme ; cette tendance à l'expression personnelle plutôt qu'à l'expression sociale, qui défigure tellement notre art ; et cela est vrai aussi de la poésie.

Des kilomètres et des kilomètres de poésie consistent en la clameur incessante du mâle pour la femelle, ce qui n'est en aucun cas un trait aussi écrasant de la vie humaine qu'il l'imagine ; et d'autres kilomètres expriment ses autres sentiments, avec cette ingénue absence de réticence qui est à la base essentiellement masculine. Ayant une douleur, le poète doit la déverser, pour que son malheur soit partagé et sympathisé.

Alors que de plus en plus d'écrivaines affluent dans ce domaine, il est possible de mener une étude historique approfondie de la différence dans les sentiments sexuels et de l'émergence progressive de la note humaine.

La littérature, et en particulier l'art de la fiction, constitue un champ d'étude si vaste qu'il y aura un chapitre à lui seul ; celui-ci mais touchant à ces diverses formes ; et indiquant les lignes d'observation.

La forme d'art la plus connue et qui, à mon avis, n'a pas besoin d'être décrite – la peinture – est également un vaste domaine ; et ne peut pas être pleinement rendu justice dans ces limites. L'effet d'un excès de masculinité ne réside pas tant dans le choix du sujet que dans la méthode et l'esprit. L'artiste voit la beauté des formes et des couleurs là où l'observateur ordinaire ne la voit pas ; et peint les vieux et les laids avec autant d'enthousiasme que les jeunes et les beaux, parfois. S'il y a chez certains une exagération des attirances féminines, elle est contrebalancée chez d'autres par un champ de travail beaucoup plus large.

Mais les principaux maux d'un art trop masculin résident dans l'accent mis sur l'expression de soi. L'artiste, passionnément conscient de ce qu'il ressent, s'efforce de faire prendre conscience aux autres de ces sensations. Ceci est maintenant si généralement accepté par les critiques, si sérieusement avancé par les peintres, que ce qu'on appelle « le monde de l'art » l'accepte comme établi.

Si un homme peint la mer, ce n'est pas pour vous faire voir et ressentir comme le ferait une vue de ce même océan, mais pour vous faire voir et ressentir comment il en a été personnellement affecté ; une question sûrement de la plus petite importance. L'artiste ultra-masculin, extrêmement sensible nécessairement et plein du besoin naturel d'expression du sexe, utilise le médium de l'art avec autant d'ingénuité que le coq de perdrix utilise ses ailes pour tambouriner sur la bûche ; ou les timbres et soufflets d'orignal mâle; pas seulement comme un appel à un partenaire, mais comme une forme d'expression de ses sensations personnelles.

Plus l'artiste est élevé, plus il est humain, plus sa vision est large, plus il voit et exprime pour l'humanité, et moins son expression est personnelle, moins ultra-masculine.

V. LITTÉRATURE MASCULINE.

Lorsqu'on nous propose un article, une page ou une chronique « féminine », nous le trouvons rempli de sujets censés plaire aux femmes en tant que sexe ou classe sociale ; l'écrivain s'attarde principalement sur les quatre K du Kaiser : Kuchen, Kinder, Kirche , Kleider . Ils répètent et réitèrent sans cesse le débat sur la cuisine, ancienne et nouvelle ; de la garde des enfants; du sujet écrasant du vêtement; et d'instruction morale. Tout cela est reconnu comme de la littérature « féminine », et il doit avoir un certain attrait sinon les femmes ne le liraient pas. Quel parallèle avons-nous avec la littérature « masculine » ?

"Aucun!" » est la fière réponse. "Les hommes sont des gens ! Les femmes, étant 'le sexe', ont leurs intérêts féminins limités, leur point de vue féminin, qui doivent être pris en compte. Les hommes, cependant, ne sont pas limités : à eux appartient la littérature mondiale !"

Oui, il leur appartient, depuis qu'il y en a. Ils l'ont écrit et ils l'ont lu. Ce n'est que récemment que les femmes, en général, ont appris à lire ; plus récemment encore, ils ont été autorisés à écrire. Il y a peu de temps qu'Harriet Martineau cachait son écriture sous sa couture lorsque des visiteurs arrivaient – l'écriture était « masculine » – la couture « féminine ».

Nous n'avons pas, il est vrai, confiné les hommes dans une « sphère masculine » au sens étroit, ni composé une littérature spéciale qui lui soit adaptée. Leur impact sur la littérature a été bien plus large que cela, monopolisant cette forme d'art avec une faveur particulière. Il convenait plus que tout autre à l'impulsion dominante de l'expression de soi ; et étant, comme nous l'avons vu essentiellement et continuellement « le sexe » ; ils ont imprimé massivement ce sexe dans cet art ; ils ont donné au monde une littérature masculinisée .

Il nous est difficile de nous en rendre compte. Nous pouvons facilement voir que si les femmes avaient toujours écrit les livres, et qu'aucun homme ne les écrivait ou ne les lisait, cela aurait sûrement « féminisé » notre littérature ; mais nous n'avons pas à l'esprit le concept, et encore moins le mot, d'une influence surmasculisée .

Les hommes ont été acceptés comme humanité, les femmes comme une question secondaire ; (plus littéralement si nous acceptons la légende hébraïque !), tout ce que les hommes faisaient ou disaient était humain et ne devait pas être critiqué. Dans aucun domaine de la vie, il n'est plus facile de contredire cette vieille croyance ; montrer en quoi le sexe masculin en tant que tel diffère du type humain ; et comment cette masculinité a monopolisé et défiguré une grande fonction sociale.

La vie humaine est une très grande affaire ; et la littérature est son art principal. Nous vivons humainement uniquement grâce à notre pouvoir de communication. La parole nous donne ce pouvoir latéralement, pour ainsi dire, dans un contact personnel immédiat. Pour un usage permanent, la parole devient une tradition orale – une pauvre dépendance. La littérature donne non seulement une multiplication infinie à la diffusion latérale de la communion, mais elle ajoute également une portée verticale. Grâce à elle, nous connaissons le passé, gouvernons le présent et influençons l'avenir. Dans ses formes communes utiles , il est le serviteur quotidien indispensable de nos vies ; dans ses envolées les plus nobles en tant que grand art, aucun moyen d'échange humain ne va aussi loin.

Dans ces brèves limites, nous ne pouvons aborder que légèrement certaines phases d'un si grand sujet ; et reposera principalement le cas sur l'effet d'un traitement exclusivement masculin des deux domaines de l'histoire et de la fiction. Dans la poésie et le théâtre , la même influence est facile à retracer, mais dans les deux premiers elle est si évidente qu'elle défie toute objection.

L'histoire est, ou devrait être, l'histoire de notre vie raciale. Qu'est-ce que les hommes ont fait ? L'histoire de la guerre et de la conquête. Commençons au tout début par les pierres taillées d'Égypte, les archives d'argile de Chaldée, que trouvons-nous de l'histoire ?

"Moi, Pharaon, Roi des rois ! Seigneur des seigneurs ! (etc. etc.), je suis descendu dans le misérable pays de Koush et j'en ai tué cent quarante deux mille !" C'est là, ou quelque chose du genre, le genre de témoignage que l'histoire ancienne nous offre.

L'histoire des rois conquérants, qui et combien ils ont tués et réduits en esclavage ; l' adulation rampante des humiliés ; la jubilation illimitée du vainqueur ; depuis l'état primitif de la plupart des anciens rois, et les triomphes romains où les reines marchaient enchaînées, jusqu'aux monuments de nos soldats omniprésents : l'histoire de la guerre et de la conquête – guerre et conquête – encore et encore ; avec tant de vantardise et de triomphe, de tels chants de coq et battements d'ailes qui montrent sans équivoque la source naturelle.

Tout cela paraîtra au premier abord partial et injuste au lecteur. "C'était ainsi que les gens vivaient à cette époque !" dit le lecteur.

Non, ce n'était pas ainsi que vivaient les femmes.

"Ô les femmes !" » dit le lecteur : « Bien sûr que non ! Les femmes sont différentes. »

Oui, les femmes sont différentes ; et *les hommes sont différents !* Tous deux, en tant que sexes, diffèrent de la norme humaine, qui est la vie sociale et tout développement social. La société grandissait lentement au cours de toutes ces années d'aveuglement noir. Les arts, les sciences, les métiers, l'artisanat et les professions libérales, la religion, la philosophie, le gouvernement, le droit, le commerce, l'agriculture, tous les processus humains se déroulaient du mieux qu'ils pouvaient, entre les guerres.

Le mâle se bat naturellement et chante naturellement, triomphe de son rival et remporte le prix – c'est pourquoi il est devenu mâle. La masculinité signifie la guerre.

Non seulement cela ; mais étant un homme, il ne se soucie que des intérêts masculins. Les hommes, étant les seuls arbitres de ce qui devrait être fait, dit et écrit, nous ont donné non seulement une croissance sociale marquée et contrecarrée depuis le début par une destruction continuelle ; mais une histoire qui est un récit ininterrompu de courage et de cruauté rouge, de triomphe et de honte noire.

Quant à ce qui se passait et qui avait de réelles conséquences, les grands pas lents du monde du travail, les découvertes et les inventions, les progrès réels de l'humanité, cela ne valait pas la peine d'être enregistré, d'un point de vue masculin. Au cours de ce siècle dernier, « le siècle de la femme », le siècle du grand réveil, de la demande croissante de liberté politique, économique et domestique, nous commençons à écrire la véritable histoire, l'histoire humaine, et pas seulement l'histoire masculine. Mais cette grande branche de la littérature – hébraïque, grecque, romaine et toutes les époques ultérieures – montre sans aucun doute l'influence de notre culture androcentrique.

La littérature est l'art le plus puissant et le plus nécessaire, et la fiction en est la forme la plus large. Si l'art « tend le miroir à la nature », le miroir de cet art est le plus grand de tous, le plus utilisé. Puisque notre vie même dépend d'une certaine communication ; et nos progrès sont proportionnels à notre plénitude et à notre liberté de communication ; puisque la vraie communication nécessite une compréhension mutuelle ; ainsi, dans la croissance de la conscience sociale, on constate dès le début un intérêt passionné pour la vie des autres.

L'art qui donne la conscience à l'humanité est l'art le plus vital. Nos plus grands dramaturges sont loués pour leur vaste connaissance de la « nature humaine », leur gamme d'émotions et de compréhension ; nos plus grands poètes sont ceux qui expérimentent et révèlent le plus profondément et le plus largement les sentiments du cœur humain ; et le pouvoir de la fiction est qu'elle peut atteindre et exprimer ce grand domaine de la vie humaine sans limites autres que celles de l'auteur.

Lorsque la fiction a commencé, elle était l'enfant légitime de la tradition orale ; un produit de l'activité cérébrale naturelle ; la légende construite au lieu d'être rappelée. (Cette étape est encore présente, comme le montrent les changements constants dans la répétition des blagues et des histoires populaires.)

La fiction a aujourd'hui une portée beaucoup plus large ; et pourtant, elle est toujours restreinte, fortement et très malicieusement restreinte.

Quel est le sujet de fiction privilégié ?

Il existe deux branches principales que l'on trouve partout, depuis le Romant of the Rose jusqu'au Purplish Magazine : l'histoire d'aventure et l'histoire d'amour.

La branche Story-of-Adventure n'est en aucun cas aussi épaisse que l'autre, mais c'est une branche solide pour autant. Stevenson et Kipling ont prouvé son immense popularité, avec toute une série de romans policiers et de récits de coquineries à succès que nous appelons « picaresques ». Notre hebdomadaire le plus populaire montre le large attrait de cette classe de fiction.

Tous ces récits d'aventures, de luttes et de difficultés ; de chasse, de pêche et de combat ; le vol et le meurtre, la capture et la punition sont distinctement et essentiellement masculins. Ils ne touchent pas aux processus humains, aux processus sociaux, mais au domaine particulier de l'excitation prédatrice qui a longtemps été le domaine réservé des hommes.

Il convient de noter ici que, même dans le contexte de la montée écrasante des intérêts industriels d'aujourd'hui, ceux-ci, lorsqu'ils sont utilisés comme base d'une histoire, sont contraints de s'aligner sur l'une ou sur les deux de ces deux branches principales de la fiction : le conflit . ou l'amour. À moins que l'histoire n'ait l'un de ces « intérêts », il n'y a pas d'histoire – c'est ce que pense l'éditeur ; le dicton étant, en termes simples, « la vie n'a d'intérêt que le conflit et l'amour ! »

C'est sûrement plus qu'une coïncidence si ce sont là les deux traits essentiels de la masculinité : le Désir et le Combat, l'Amour et la Guerre.

En fait, les intérêts majeurs de la vie sont en phase avec ses processus majeurs ; et ceux-ci – à notre stade de développement humain – sont plus variés que ce que notre fiction voudrait nous faire croire. La moitié du monde est constituée de femmes, rappelons-le, qui sont des types de vie humaine au même titre que les hommes, et leurs processus majeurs ne sont pas ceux du conflit et de l'aventure, leur amour signifie plus que l'accouplement. Même sur une ligne de distinction aussi pauvre que celle qu'offre la « colonne des femmes », si l'on veut limiter les femmes à leurs quatre K, il devrait également y avoir une « colonne des hommes » ; et toutes les "actualités sportives" et les histoires de poissons soient mises dedans ; ce ne sont pas des intérêts mondiaux ; ce sont des intérêts masculins.

Passons maintenant à la branche principale : l'histoire d'amour. Quatre-vingt-dix pourcent. de la fiction est dans cette ligne ; c'est là par excellence l'intérêt majeur de la vie – donné dans la fiction. Quelle est l'histoire d'amour, telle que rendue par cet art ?

C'est l'histoire de la lutte prénuptiale. Ce sont ses aventures à sa poursuite – et cela s'arrête quand il l'attrape ! Histoire après histoire, âge après âge, encore et encore, cette répétition incessante des Préliminaires.

Voici la vie humaine. Dans son sens large, dans son sens réel, il s'agit d'une question d'interrelation entre individus et groupes, couvrant toutes les émotions, tous les processus, toutes les expériences. Dans ce vaste champ de la vie humaine, la fiction sélectionne arbitrairement une émotion, un processus, une expérience comme base nécessaire.

" Ah ! mais nous sommes des personnes avant tout ! " proteste le lecteur. "C'est une expérience personnelle, elle a un attrait universel !"

Prenez donc la vie humaine personnellement. Voici un Être Humain, une vie, s'étalant sur quelque soixante-dix ans ; impliquant la croissance changeante de nombreuses facultés; les merveilles toujours nouvelles de la jeunesse, la longue période de travail de la vie moyenne, la lente maturation de l'âge. Voici l'âme humaine, dans le corps humain, Vivante. Dans ce domaine de la vie personnelle, avec toutes ses émotions, processus et expériences, la fiction sélectionne arbitrairement une émotion, un processus, une expérience, principalement d'un sexe.

L'« amour » de nos histoires est l'amour de l'homme pour la femme. Si quelqu'un ose contester cela et prétendre qu'il traite de la même manière l'amour de la femme pour l'homme, je répondrai : « Alors pourquoi les histoires s'arrêtent-elles au mariage ?

Il existe une plaisanterie actuelle, révélatrice de beaucoup de choses, à cet effet :

La jeune femme se plaint que le mari ne l'attende pas et ne la courtise pas comme il le faisait avant le mariage ; à quoi il répond : « Pourquoi devrais-je courir après le tramway alors que je l'ai attrapé ?

L'amour de la femme pour l'homme, tel qu'il est actuellement traité dans la fiction, est en grande partie un réflexe ; c'est la façon dont il veut qu'elle ressente, s'attend à ce qu'elle ressente ; ce n'est pas une représentation juste de ce qu'elle ressent. Si « l'amour » doit être choisi comme la chose la plus importante sur laquelle écrire dans la vie, alors l'amour de la mère devrait être le sujet principal : c'est le courant principal. C'est la force générale sous-jacente qui soulève le monde. La « force vitale », dont on parle maintenant si facilement, trouve sa pleine expression dans la maternité ; pas dans les émotions d'un assistant lors des phases préliminaires.

Qu'est-ce que la littérature, qu'est-ce que la fiction, a à offrir sur l'amour maternel, ou même sur l'amour paternel, par rapport à ce vaste volume d'excitation sur l'amour amoureux ? Pourquoi le projecteur est-il continuellement focalisé sur un espace de vie de deux ou trois ans « au milieu des kilomètres vides alentour » ? Pourquoi en effet, sauf pour la raison claire, que sur une base résolument masculine, c'est sa seule période d'intérêt et d'excitation écrasante.

Si la ruche produisait de la littérature, la fiction de l'abeille serait riche et vaste ; plein de tâches complexes de construction et de remplissage du peigne ; le soin et l'alimentation des petits, le service de tutelle de la reine ; et bien au-delà, elle s'étendrait à la gloire bleue du ciel d'été, aux vents frais, à la beauté et à la douceur infinies de mille mille fleurs. Il s'agirait de la vaste fécondité de la maternité, des processus éducatifs et sélectifs des mères-groupes ; et la passion de la loyauté, du service social, qui tient la ruche ensemble.

Mais si les drones écrivaient de la fiction, celle-ci n'aurait d'autre sujet que le festin du plus grand nombre ; et le vol nuptial, de l'un.

Pour le mâle, en tant que tel, cet instinct d'accouplement est franchement l'intérêt majeur de la vie ; même les instincts belligérants passent au second plan. Pour la femme, en tant que telle, c'est, malgré toute son intensité, mais un intérêt passager. Dans l'économie de la nature, sa dévotion n'est qu'une dévotion temporaire, tandis que la sienne est le lent processus de l'accomplissement de la vie.

Dans l'humanité, nous avons depuis longtemps, non pas dépassé, mais envahi, ce stade du sentiment. Dans la Parenté Humaine, même la part de la mère commence à pâlir à côté de cet amour et de ces soins sociaux toujours croissants , qui protègent et guident les enfants d'aujourd'hui.

L'art littéraire, dans cette forme principale de fiction, est une chose bien trop importante pour être entièrement gouvernée par une seule note dominante. À mesure que la vie s'élargissait et s'intensifiait, l'artiste, s'il était suffisamment grand, a transcendé le sexe ; et dans les œuvres les plus puissantes des véritables maîtres, nous trouvons des fictions traitant de la vie, de la vie en général, dans toutes ses relations complexes, et refusant de s'en tenir plus longtemps aux canons rigides d'un passé androcentrique.

C'était là le pouvoir de Balzac : il s'occupait de bien plus que ce seul domaine. C'était là l'attrait universel de Dickens ; il a écrit sur des gens, toutes sortes de gens, faisant toutes sortes de choses. Alors que vous vous souvenez avec plaisir d'un roman préféré de ce favori général, vous vous retrouvez à chercher de près l'« histoire d'amour » qu'il contient. Il est là, car il fait partie de la vie ; mais il ne domine pas toute la scène, pas plus que dans la vie.

La pensée du monde nous est en grande partie faite et distribuée. Les créateurs de livres sont les créateurs de pensées et de sentiments pour les gens en général. La fiction est la forme la plus populaire sous laquelle cette nourriture du monde est présentée. Si c'était vrai, cela nous apprendrait la vie facilement, rapidement et véritablement ; n'enseignez pas en prêchant mais en représentant véritablement ; et nous devrions grandir en nous familiarisant avec un éventail de vie bien plus large dans les livres que ne pourrait même être le nôtre en personne. Alors face à la réalité , nous devrions être sages et ne pas être déçus.

Dans l'état actuel des choses, notre grande mer de fiction est imprégnée, teintée et aromatisée dans un sens. Un jeune homme affronte la vie – les soixante-dix années , rappelez-vous – et reçoit livre après livre dans lequel un ensemble de sentiments est continuellement exprimé et surestimé. Il lit sans cesse sur l'amour, le bon amour et le mauvais amour, naturel et contre nature, légitime et illégitime ; avec la conclusion inévitable qu'il ne se passe rien d'autre.

S'il est un jeune homme en bonne santé, il se détache de tout cela, méprise les « histoires d'amour » et prend la vie comme il la trouve. Mais l'impression qu'il reçoit de la fiction est fausse, et il souffre sans le savoir du manque de visions plus larges et plus vraies de la vie qu'elle n'a pas réussi à lui donner.

Une jeune femme fait face à la vie – la période de soixante-dix ans , rappelez-vous ; et reçoit les mêmes livres, avec des restrictions. Souvenez-vous de la remarque de Rochefoucauld : « Il y a trente bonnes histoires dans le monde et vingt-neuf ne peuvent être racontées aux femmes. » Il existe un certain vaste domaine littéraire si grossièrement androcentrique que, pour la plus grande honte, les hommes ont essayé de le garder pour eux. Mais sous une forme plus douce, les pelles toutes nommées cuillères à café, ou au pire ressemblant à des truelles, la jeune femme se voit confier la même fiction. L'amour, l'amour et l'amour, du « premier regard » au mariage. Là, cela s'arrête – juste le ruban flottant de l'annonce, « et j'ai vécu heureux pour toujours ».

Ce genre de fiction est-il une sorte d'image de la vie d'une femme ? La fiction, dans notre culture androcentrique, n'a donné aucune image fidèle de la vie de la femme, très peu de la vie humaine et une partie disproportionnée de la vie de l'homme.

À mesure que nous devenons chaque jour plus humains, tous deux, ce noble art évolue pour le mieux si rapidement qu'une courte vie peut marquer cette croissance. De nouveaux champs s'ouvrent et de nouveaux ouvriers y travaillent. Mais il n'est pas facile ni rapide de désabuser l'esprit racial des attitudes et des habitudes inculquées depuis mille ans. Ce dont nous nous sommes nourris pendant si longtemps, nous y sommes habitués, ce à quoi nous sommes habitués nous plaît, ce que nous aimons nous semble bon et convenable.

La demande croissante d'une fiction plus large et plus vraie est contestée par l'esprit racial lent : et combattue par les spécialistes du marketing littéraire pour des raisons d'intérêt personnel visible, ainsi que de conservatisme léthargique.

C'est difficile pour les hommes, jusqu'ici seuls producteurs et consommateurs de littérature ; et pour les femmes, nouvelles dans le domaine, et suivant les canons masculins car tous les canons étaient masculins ; pour amener leur esprit à reconnaître le changement qui est déjà à nos portes.

Ce domaine restreint a été pendant si longtemps surchargé, nos esprits sont tellement remplis de héros et de héros répétant continuellement la pièce en un acte, que lorsqu'un livre comme celui de David Harum est proposé, l'éditeur le refuse à plusieurs reprises et insiste finalement sur un "cœur". intérêts » étant injectés de force.

Quelqu'un a-t-il lu David Harum pour cet intérêt cardiaque ? Est-ce que quelqu'un se souvient de cet intérêt cardiaque ? L'humanité n'a-t-elle d'autres intérêts que ceux du cœur ?

Robert Ellesmere était un livre populaire, mais pas en raison de son intérêt profond.

La Case de l'oncle Tom a séduit le monde entier, plus largement que n'importe quelle œuvre de fiction jamais écrite ; mais si quelqu'un est tombé amoureux et s'y est marié, il a été oublié. Il y avait beaucoup d'amour dans ce livre, l'amour de la famille, l'amour des amis, l'amour du maître pour le serviteur et du serviteur pour le maître ; amour de la mère pour l'enfant; l'amour des gens mariés les uns pour les autres ; l'amour de l'humanité et l'amour de Dieu.

C'était extrêmement populaire. Certains disent que ce n'était pas de la littérature. Cette opinion vivra, comme le nom d'Empédocle.

L'art de la fiction renaît ces jours-ci. La vie se révèle plus longue, plus large, plus profonde, plus riche que ces acteurs monotones d'un mois de juin voudraient nous le faire croire.

L'humanisation de la femme ouvre en elle-même cinq nouveaux champs de fiction : premièrement, la position de la jeune femme qui est appelée à abandonner sa « carrière » – son humanité – pour le mariage, et qui s'y oppose ; deuxièmement, la femme d'âge moyen qui découvre enfin que son mécontentement est une famine sociale – qu'elle ne veut pas plus d'amour, mais plus d'affaires dans la vie. Troisièmement, les relations entre les femmes – une chose sur laquelle nous n'aurions jamais pu écrire auparavant. parce que nous ne l'avons jamais eu auparavant : sauf dans les harems et les couvents : Quatrièmement, l'interaction entre les mères et les enfants ; il ne s'agit pas ici de l'éternel « mère et enfant », dans lequel l'enfant est toujours un bébé, mais du long drame d'une relation personnelle ; l'amour et l'espoir, la patience et la puissance, la joie et le triomphe durables, la lente déception qui ne doit jamais appartenir à une âme vivante - voici les bases de romans qu'un million de mères et plusieurs millions d'enfants liraient avec impatience : Cinquième le nouveau attitude de la femme adulte qui affronte les exigences de l'amour avec les normes élevées d'une maternité consciente.

Il existe d'autres domaines, vastes et brillamment prometteurs, mais ce chapitre vise simplement à montrer que notre culture unilatérale a, dans cet art, surestimé de manière très disproportionnée les instincts dominants de l'homme – l'amour et la guerre – une offense à l'art et à la vérité. , et une blessure à la vie.

VI. JEUX ET SPORTS

L'une des distinctions les plus nettes entre les caractères essentiels et les positions artificielles des hommes et des femmes concerne les jeux et les sports. La grande majorité d'entre eux sont essentiellement masculins et, en tant que tels, étrangers aux femmes ; tandis que parmi ceux qui sont humainement intéressants, les femmes ont été largement exclues par leurs restrictions arbitraires.

L'instinct de jeu est commun aux filles comme aux garçons ; et perdure dans une certaine mesure tout au long de la vie. De même que d'autres jeunes animaux expriment leurs énergies abondantes dans des activités capricieuses semblables à celles suivies dans les affaires de la vie, de même les petits enfants gambadent physiquement, comme les agneaux et les chevreaux ; et de même que les jeunes d'espèces d'animaux supérieures imitent dans leurs jeux les activités plus complexes de leurs aînés, de même les enfants imitent toutes les activités qu'ils voient chez eux. Dans ce domaine du jeu, il n'y a pas de sexe.

De même, dans la vie adulte, les personnes saines et heureuses, hommes et femmes, expriment naturellement un surplus d'énergie dans diverses formes de sport. Nous avons ici l'une des manifestations les plus typiquement humaines. La grande accumulation d'énergie sociale et les limitations nécessaires d'un type de travail laissent un être humain fatigué d'une forme d'action, mais néanmoins inquiet du manque de pleine expression ; et ce besoin social a été satisfait par notre grande soupape de sécurité que sont les jeux et les sports.

Dans une société des deux sexes, ou dans une société sans sexe, il y aurait toujours du plaisir et de l'utilité dans les jeux ; ils sont d'une importance vitale à la vie humaine. Dans une société à deux sexes, où l'un a dicté toutes les conditions de la vie et l'autre a été confiné à une fraction extrêmement limitée de la vie humaine, nous pouvons considérer que ce grand champ de jouissance est divisé de manière disproportionnée.

Ce n'est pas seulement que nous avons réduit l'impulsion de jeu chez les femmes en les limitant à un seul ensemble d'occupations et en surchargeant leurs énergies en combinant le travail maternel et le travail domestique ; et non seulement, par nos conventions androcentriques, nous restreignons encore davantage leurs divertissements ; mais nous commençons dès l'enfance et différencions de force leurs méthodes de jeu bien avant qu'une distinction naturelle n'apparaisse.

Prenons comme exemple cette joie universelle qu'est la poupée ou la marionnette. Une petite imitation d'un grand objet connu ravit le cœur d'un enfant des deux sexes. Le chat peigné, le cheval de bois, le petit chariot, le soldat de plomb, la poupée de cire, le village de jouets, « l'arche de Noé », l'omniprésent « ours en peluche », n'importe quel petit modèle d'une chose réelle est un plaisir à admirer. le jeune être humain. De toutes les choses, la marionnette est la plus intime, la petite image d'un autre être humain avec qui jouer. L'imagination de l'enfant, faisant des combinaisons infinies avec ces types visibles, joue aussi librement qu'un chaton dans les feuilles ; ou exécute gravement certaines formes de vie observées, comme le chaton imite la chasse de sa mère.

Jusqu'à présent, tout est naturel et humain.

Voyez maintenant notre attitude envers les jeux d'enfants – dans une culture masculine. Considérant les femmes uniquement comme un sexe, et ce sexe comme manifesté dès l'enfance, nous fabriquons et achetons pour nos petites filles des jouets adaptés à ce point de vue. En tant que femmes, c'est-à-dire mères, nous devons leur donner des bébés avant qu'ils ne cessent d'être eux-mêmes des bébés ; et nous attendons que leur jeu consiste en une imitation des soins maternels. La poupée, la marionnette, qui intéresse tous les enfants, nous l'avons rendue comme un éternel bébé ; et nous les imposons à nos petites filles par millions sans cesse.

La poupée, en tant que telle, est chère au petit garçon comme à la fille, mais pas en tant que bébé. Il aime son pantin, son Sambo peigné, souvent une véritable poupée de chiffon ; mais il est découragé et ridiculisé en cela. Nous ne nous attendons pas à ce que le petit garçon manifeste l'amour et l'attention d'un père pour un enfant d'imitation, mais nous attendons de la petite fille qu'elle montre des sentiments maternels pour son bébé d'imitation. Nous n'avons pas encore réalisé que c'était monstrueux.

Il ne faut pas s'attendre à ce que les petits enfants manifestent, dans une précocité douloureuse, des sentiments qui ne devraient jamais être éprouvés avant d'avoir atteint l'âge approprié. Nos chatons jouent aux sports félins, le petit Tom et Tabby ensemble ; mais la petite Tabby ne joue pas, elle est maman !

Au-delà des poupées continues et de leur habillage continu, nous fournissons à nos petites filles des services à thé et des ustensiles de cuisine, des maisons de poupées, des petites boîtes à ouvrage, outils d'imitation de leurs métiers étroits. Pour le garçon, le choix est plus large. Nous leur fabriquons non seulement des jouets de combat essentiellement masculins, mais aussi toute la machinerie de simulation de guerre ; mais aussi les modèles de choses humaines, comme les bateaux, les chemins de fer, les wagons. Pour eux aussi, il y a les jouets complets des siècles, le cerf-volant, la toupie, la balle. À mesure que le garçon devient assez grand pour jouer aux jeux qui nécessitent de l'habileté, il entre sur la liste du monde et la petite sœur, laissée à l'intérieur, avec ses poupées éternelles, apprend qu'elle n'est « qu'une fille » et qu'elle « ne doit pas jouer ». avec les garçons, les garçons sont si durs ! » Elle a sa poupée et son service à thé. Elle « joue à la house ». Si elle est très active, elle peut sauter à la corde, en solitaire, ou en combinaison de deux à quatre. Son frère joue à des jeux. Dès lors, il joue aux jeux du monde. La « page sportive » devrait s'appeler « la page de l'homme », tout comme cet éventail de recettes, de modes et de conseils bon marché s'appelle « la page de la femme ».

L'un des avantages éducatifs immédiats de la position du garçon est qu'il apprend le « travail d'équipe ». Ce n'est pas une caractéristique masculine, c'est une caractéristique humaine ; un pouvoir social. Les femmes en sont également capables par nature ; mais pas par l'éducation. S'occuper de son imitation de bébé n'est pas un travail d'équipe ; ni jouer à la maison. La petite fille est maintenue à jamais dans les limites de la « sphère » d'action de sa mère ; tandis que le garçon apprend la vie et s'imagine que sa nouvelle croissance est due à son sexe supérieur.

Or, il existe certaines distinctions essentielles entre les sexes, qui se manifesteraient dans une certaine mesure même chez les enfants normalement élevés ; comme par exemple le petit mâle serait plus porté à combattre et à détruire ; la petite femelle se consacre davantage à entretenir et à construire des choses.

"Les garçons sont tellement destructeurs !" » disons-nous avec une modeste fierté, comme si cela leur faisait en quelque sorte honneur. Mais la prime jeunesse n'est pas le moment d'afficher une distinction entre les sexes ; et ils devraient être découragés plutôt qu'approuvés.

Les jeux du monde, aujourd'hui jeux d'hommes, se répartissent facilement en deux grandes classes : les jeux d'adresse et les jeux de hasard.

L'intérêt et le plaisir que procure ce dernier sont purement humains et, en tant que tels, sont encore aujourd'hui partagés par les deux sexes. Les femmes, dans les débuts innocents ou dans les extrêmes vicieux de cette ligne d'amusement, sont des joueuses aussi folles que les hommes. Aux courses, à la roulette, à la table de bridge, cela se voit clairement.

Dans les jeux d' adresse, le résultat est différent. La plupart d'entre eux sont développés par et pour les hommes ; mais lorsqu'on les autorise, les femmes y participent avec intérêt et succès. Aux jeux de cartes, aux échecs, aux dames, etc., au croquet et au tennis, ils jouent, et jouent bien s'ils sont bien entraînés. Là où ils échouent dans tant de jeux, et sont si totalement exclus dans d'autres, ce n'est pas par manque de capacités humaines, mais par manque de masculinité. La plupart des jeux sont masculins. Dans leur élément de désir de gagner, d'obtenir le prix, ils sont des hommes ; et dans leur attitude universelle de compétition , ils sont masculins, l'esprit fondamental de désir et de combat se manifestant à travers de subtiles formes modernes.

Il y a aussi quelque chose de fondamentalement masculin dans la domination universelle du projectile dans leurs jeux. Le ballon est le seul instrument incontournable du sport. Du marbre cassé de l'enfance au missile volant de la chauve-souris, cette forme perdure. Envoyer quelque chose avec violence; le lancer, le frapper, lui donner un coup de pied, lui tirer dessus ; cette impulsion semble remonter à l'une des forces jumelles de l'univers : les énergies centrifuge et centripète entre lesquelles balancent les planètes.

L'impulsion féminine fondamentale est de rassembler, d'assembler, de construire ; l'impulsion masculine fondamentale de disperser, de disséminer, de détruire. Cela semble donner du plaisir à un homme de cogner quelque chose et de le chasser de lui ; plus il frappe fort et plus loin, plus il est content.

Des jeux de ce genre ne plairont jamais aux femmes. Ils n'ont pas tort ; pas nécessairement mauvais à leur place ; notre erreur est de les considérer comme humains, alors qu'ils ne sont que masculins.

Le jeu, au sens enfantin, est l'expression d'une habitude antérieure ; et à étudier sous cet angle. Le jeu au sens éducatif doit être encouragé ou découragé pour développer les caractéristiques souhaitées. Cela, nous le savons et le pratiquons ; seulement nous le faisons selon des canons androcentriques ; confiner la fille dans la gamme étroite que nous considérons comme propre aux femmes et aider le garçon à couvrir sa vie avec l'expression de la masculinité, alors que nous devrions aider les deux à un développement plus humain.

Notre conviction bien établie que les hommes sont des gens – le peuple, et que les qualités masculines sont le principal désir de la vie, est ce qui entretient cette fausse estimation de la valeur de nos jeux actuels. Les défenseurs du football, par exemple, affirment fièrement qu'il convient à un homme pour la vie. La vie – du point de vue entièrement masculin – est une bataille avec un prix. Vouloir quelque chose au-delà de toute mesure et se battre pour l'obtenir, telle est la proposition simple. Cette vision de la vie trouve son expression la plus naïve dans la guerre prédatrice ; et tend encore à faire de la guerre prédatrice les processus industriels les plus récents et les plus humains. Parce qu'ils voient la vie de cette façon , ils imaginent que l'habileté et la pratique de l'art du combat, en particulier des combats collectifs, sont si précieuses dans notre vie moderne. C'est un archaïsme qui serait risible s'il n'était pas si dangereux dans ses effets.

Les processus précieux aujourd'hui sont ceux de l'invention, de la découverte, de tous les niveaux d'industrie et, plus particulièrement, de la capacité de servir et d'administrer honnêtement nos immenses avantages. Cela ne s'apprend pas sur le terrain de football. Cet esprit de désir et de combat se retrouve plus loin dans toutes les parties de ce grand sujet. C'est devenu un culte de l'esprit sportif ; si universellement accepté parmi les hommes comme ayant un mérite exceptionnel qu'il les aveugle complètement aux autres normes de jugement.

Dans la controverse Cook-Peary de 1909, ce canon fut rendu manifeste. Ici, un homme avait passé sa vie à essayer d'accomplir quelque chose ; et à la onzième heure il réussit. Puis, sortant dans le riche triomphe longtemps différé, il trouve un autre homme, de caractère bien connu, prétendant impudemment et faussement qu'il l'avait fait le premier. M. Peary s'est exprimé avec modération et avec justesse sur l'effronterie et la fausseté de cette affirmation, et tout le pays s'est levé et l'a dénoncé comme étant « antisportif !

Le sport et les canons du sport sont si dominants dans l'esprit masculin que ce qu'ils considéraient comme un écart par rapport à ces normes était bien plus important que la question de fait en cause ; sans parler de l'obliquité morale de mentir au monde entier, pour de l'argent ; et cela au prix du triomphe durement gagné d'autrui.

Si les femmes avaient condamné la conduite de l'un ou de l'autre comme « un mauvais travail au foyer » , cela aurait été considéré comme un commentaire des plus puérils. Mais être « antisportif » est un péché impardonnable.

En raison de nos normes déformées, nous sous-estimons manifestement l'attitude des deux sexes à l'égard de leurs divertissements. Ces dernières années, plus de femmes que jamais se sont mises à jouer aux cartes ; et certains, malheureusement, jouent pour de l'argent. Un flux constant de commentaires et de reproches s'ensuit. Le nombre de joueurs de cartes parmi les hommes — et le montant d'argent perdu et gagné — ne produit pas de commentaire équivalent.

Tout à fait en dehors de ce seul domaine de dissipation, considérons la part de vie, de temps, de force, d'argent, donnée par les hommes à leur vaste gamme de loisirs. Ils entretiennent à grands frais la satisfaction primitive de la chasse et de la pêche. C'est l'indulgence d'une impulsion des plus rudimentaires ; pré-social et en grande partie pré-humain, d'aucune utilité sauf dans la mesure où il affecte la santé corporelle, et d'une influence des plus dissuasives sur le véritable développement humain. Là où la chasse et la pêche constituent un véritable service humain, exercées comme moyen de subsistance, elles sont méprisées comme toute autre industrie ; ce n'est plus du « sport ».

L'être humain tue pour manger, ou pour vendre et manger des revenus ; il tue pour la peau ou les défenses de la créature, pour un usage quelconque ; ou pour protéger ses récoltes de la vermine, ses troupeaux de la déprédation ; mais le chasseur tue pour la satisfaction d'un instinct primitif et selon les règles d'un culte arbitraire. Les créatures du « jeu » sont ses proies ; oiseau, bête ou poisson difficile à attraper, qui nécessite une certaine habileté pour être tué ; cela ne lui procurera pas seulement de la viande et des os, mais « le plaisir de la chasse ».

Le plaisir de la chasse est bien réel. Elle est illustrée, dans son sens large, dans le jeu des enfants. Les jeux de courir et d'attraper, les jeux de cachette et de découverte, sont toujours attrayants pour notre enfance, comme ils le sont pour celle des petits et des chatons. Mais la persistance de cette indulgence parmi les êtres civilisés matures est due à leur masculinité. Ce groupe d'instincts sexuels associés, qui chez la femme incite au service patient et à la défense acharnée du petit enfant, chez l'homme a sa racine la plus profonde dans la recherche, la poursuite et la capture. Chasser est plus qu'un moyen d'obtenir de la nourriture, dans sa longue ascendance ; c'est suivre à tout prix, chercher à travers toutes les difficultés, lutter pour obtenir le prix central de son être : un conjoint.

Ses « instincts protecteurs » sont bien plus tardifs et plus superficiels. Soutenir et prendre soin de sa femme et de ses enfants est une habitude récente, bien visible historiquement ; mais « le plaisir de la chasse » est plus ancien que cela. Nous devons nous rappeler que les habitudes et les impulsions associées durent des siècles et des siècles dans les formes vivantes ; comme dans les instincts de grimpeur d'arbres de nos premières années, d'origine simienne ; et l'amour de l'eau, qui remonte à des temps incalculables. Alors que, pendant des millions d'années, le plaisir le plus intense pour lequel un organisme donné est apte est obtenu par un certain groupe d'activités, ces activités continueront à procurer du plaisir longtemps après la fin de leur utilisation antérieure.

C'est pourquoi les hommes apprécient bien plus « l'ardeur de la poursuite » que les femmes. C'est une ardeur essentiellement masculine. Arriver facilement à ce qu'il veut ne le satisfait pas. Il veut le vouloir. Il veut le chasser, le chercher, le chasser, l'attraper. Il veut que ce soit un « jeu ». Il est de par son sexe sportif.

Il n'y a aucune raison pour que ces instincts particuliers ne soient pas satisfaits tant que cela ne nuit pas aux processus sociaux les plus importants ; mais il est nettement désirable que nous comprenions leur nature. La raison pour laquelle nous avons aujourd'hui une masse écrasante d'« événements sportifs », du jeu de balle aux combats, est que notre civilisation est extrêmement masculine. Nous les critiquerons plus justement quand nous verrons que toute cette masse d'indulgence est d'abord une forme d'expression sexuelle, et en second lieu une survivance d'instincts plus anciens que la plus ancienne sauvagerie.

Outre nos jeux et nos sports, nous disposons d'un vaste domaine de « divertissements » qui mérite également d'être examiné. Non seulement nous aimons faire les choses, mais nous aimons aussi les voir faire par d'autres. En ces temps hautement spécialisés , la plupart de nos divertissements consistent à payer deux dollars pour rester assis trois heures et voir les autres faire des choses.

Dans son sens le plus large, cela est entièrement humain. En tant que créatures sociales, nous pouvons profiter de mille formes d'expression bien au-delà du personnel. Les oiseaux doivent chacun chanter leur propre chant ; les grillons gazouillent avec une puissance multipliée par des millions ; mais l'être humain ressent un profond frisson de joie dans ses chanteurs, acteurs, danseurs spéciaux, ainsi que dans ses propres tentatives personnelles. Que nous prenions du plaisir à nous regarder les uns les autres est humainement naturel, mais ce que nous regardons, le type de plaisir et le type de performance, ouvre un large champ de choix.

Nous connaissons, par exemple, un peu les excès grossiers des danses aborigènes d'Australie ; nous en savons davantage sur la grossière licence de la vieille Rome ; on connaît l'ampleur des plaisanteries de l'époque médiévale et la brutalité enfantine des arènes et du cockpit. On sait, en un mot, que les amusements varient ; qu'ils constituent un indicateur facile du caractère et de la culture ; qu'ils ont une forte influence éducative, en bien ou en mal. Ce que nous n'avons pas observé jusqu'ici, c'est l'influence masculine prédominante sur nos divertissements. Si l'on rappelle une fois de plus l'affirmation à propos des anecdotes divertissantes : « Il y a trente bonnes histoires dans le monde, et vingt-neuf d'entre elles ne peuvent pas être racontées aux femmes », nous avons un aperçu flagrant de la spécialisation masculine dans les plaisanteries .

"Les femmes n'ont pas le sens de l'humour" a été souvent dit, alors que "Les femmes n'ont pas le sens de l'humour masculin" serait plus vrai. Si les femmes avaient trente « bonnes histoires » dont vingt-neuf ne pouvaient pas être racontées aux hommes, il est possible que les hommes, s'ils entendaient certaines des vingt-neuf, ne les trouveraient pas drôles. L'embonpoint d'un sexe s'est fait sentir dans nos divertissements comme partout ailleurs.

Parce que les hommes sont plus développés en humanité que les femmes ne le sont encore, ils ont construit et organisé de grands lieux de divertissement ; parce qu'ils ont porté dans leur humanité leur masculinité incontrôlée, ils ont fait correspondre ces divertissements. L'expression dramatique est, dans son vrai sens, non seulement une distinction humaine, mais l'un de nos arts les plus nobles. Elle est alliée aux émotions les plus élevées ; est religieux, éducatif, patriotique, couvrant toute la gamme des sentiments humains. Grâce à lui, nous devrions être capables d'exprimer continuellement, sous des formes audibles et visibles, vivantes et émouvantes, quelle que soit la phase de la vie que nous apprécions le plus ou que nous souhaitions voir. Il fut un temps où le drame menait la vie ; élevé, enseigné, inspiré, éclairé. Désormais, sa fonction principale est d'amuser. Sous la demande du divertissement, il s'est déprécié et grossi, et maintenant les mille vaudevilles et spectacles de cinéma nous donnent les fragments brisés d'un art dégradé dont notre seule exigence principale est qu'il nous fasse rire.

De nombreuses causes sont à l'œuvre ici ; et bien que cette étude cherche à montrer dans divers domaines une seule cause, elle ne prétend pas que la cause soit la seule. Nos conditions économiques ont un poids énorme sur nos divertissements, comme sur tous les autres phénomènes humains ; mais même sous la pression économique, les réactions des hommes et des femmes sont souvent différentes. Les hommes et les femmes fatigués ont tous deux besoin de divertissement, de détente et de changement reposant d'une gaieté irresponsable. La grande majorité des femmes, qui travaillent plus d'heures que n'importe quelle autre classe, en ont désespérément besoin et ne l'obtiennent jamais. Le divertissement, le divertissement, la récréation devraient être ouverts à tous et appréciés par tous. Il s'agit d'un besoin humain et non d'une distinction entre les deux sexes. Comme la plupart des choses humaines, elle est non seulement largement monopolisée par les hommes, mais partout masculinisée . De nombreuses formes de divertissement sont réservées aux hommes ; plus pour les hommes principalement ; tous sont destinés aux hommes s'ils choisissent d'y aller.

L'entrée des femmes sur scène et leur fréquentation accrue des théâtres ont quelque peu modifié la nature du spectacle ; même le « vaudeville raffiné » commence désormais à montrer l'influence des femmes. Il ne serait pas très avantageux de féminiser ce domaine de la vie humaine ; l'amélioration recherchée est de le rendre moins masculinisé ; réduire l'influence excessive de l'un et faire ressortir les vastes intérêts et plaisirs humains auxquels les hommes et les femmes peuvent également participer et jouir.

VII. ÉTHIQUE ET RELIGION.

Les lois de la physique étaient à l'œuvre avant notre arrivée sur Terre et ont continué à agir sur nous bien avant que nous ayons suffisamment d'intelligence pour les percevoir, et encore moins les comprendre. Notre connaissance avérée de ces processus constitue « la science de la physique » ; mais les lois étaient là avant la science.

La physique est la science des relations matérielles, de la façon dont les choses et les forces naturelles fonctionnent les unes avec les autres. L'éthique est la science des relations sociales, de la façon dont les personnes et les forces sociales travaillent les unes avec les autres.

L'éthique est au monde humain ce que la physique est au monde matériel ; l'ignorance de l'éthique nous laisse dans la même position d'impuissance les uns envers les autres que l'ignorance de la physique nous laisse à l'égard de la terre, de l'air, du feu et de l'eau.

Certes, les gens ont vécu et sont morts et se sont progressivement améliorés, tout en ignorant les sciences physiques ; ils ont développé une méthode grossière de « règle empirique », comme le font les animaux, et ont utilisé de grandes forces sans les comprendre. Mais leur vie était plus sûre et leur progrès plus rapide à mesure qu'ils apprenaient davantage et commençaient à faire des serviteurs des forces qui avaient été leurs maîtres.

Nous avons progressé, assez maladroitement, au prix de pertes et de souffrances terribles, depuis la sauvagerie jusqu'à notre degré actuel de civilisation ; nous avancerons plus sûrement et plus rapidement lorsque nous en apprendrons davantage sur la science de l'éthique.

Notons tout d'abord que si les lois sous-jacentes de l'éthique restent stables et fiables, les conceptions humaines à leur sujet ont considérablement varié et varient toujours. Selon les races, les âges, les classes, les sexes, différentes conceptions de l'éthique existent ; la conduite du peuple est modifiée par ses vues, et sa prospérité est modifiée par sa conduite.

L'homme primitif prit très vite conscience de l'importance de la conduite. À mesure que la conscience augmentait, avec le pouvoir de modifier l'action de l'intérieur, au lieu de réagir impuissante aux stimuli de l'extérieur, apparurent les premiers codes d'éthique rudimentaires, le « Tu dois » et le « Tu ne dois pas » du sauvage maladroit. C'était surtout "Tu ne le feras pas". L'inhibition, le contrôle d'une impulsion qui s'est révélée désavantageuse, était une forme d'action antérieure et plus facile que le pouvoir humain ultérieur de décider consciemment et de suivre un plan d'action sans autre stimulus que sa propre volonté.

L'éthique primitive se compose principalement de Tabus – les choses interdites ; et toutes nos obscures notions d'éthique jusqu'à aujourd'hui, ainsi que la plupart de nos religions, traitent principalement de l'interdiction.

C'est là presque l'ensemble de notre gouvernement de crèche, comme le montre dans une certaine mesure le conte bien connu de l'enfant qui disait s'appeler « Mary ». "Marie quoi ?" lui ont-ils demandé. Et elle a répondu : « Mary, ne le fais pas. » C'est aussi le corps principal de nos systèmes juridiques – une masse complexe d'interdictions et de préventions. Et même en termes de manières et de conventions, les choses qu'on ne devrait pas faire sont de loin plus nombreuses que celles qu'on devrait faire. Une politique générale de négation colore nos conceptions de l'éthique et de la religion.

Lorsque le côté positif a commencé à se développer, c'était d'abord sous une forme purement arbitraire et artificielle. Les adeptes d'une religion donnée étaient tenus d'effectuer certains mouvements, comme se prosterner, s'agenouiller, etc. ; ils étaient tenus d'apporter des tributs aux dieux et à leurs prêtres, des sacrifices, des dîmes, des oblations ; on leur proposait de petits spectacles spéciaux à exécuter à des moments donnés ; l'éventail des choses interdites était large ; l'éventail des choses commandées était restreint. La religion chrétienne, interprétée de manière pratique, exige un « changement de cœur » et un changement de vie plus complets que tous ceux qui l'ont précédée ; ce qui peut expliquer à la fois son large attrait auprès des peuples éclairés et sa rareté d'application.

Encore une fois, en examinant le domaine, nous constatons qu'à mesure que notre compréhension des valeurs éthiques s'élargit, alors que nous qualifions de plus en plus d'actes et de tendances « bons » et « mauvais », nous avons montré d'étonnantes fluctuations et caprices dans notre jugement. Non seulement dans nos religions, qui ont nécessairement considéré chacune de leurs propres actions prescrites comme les plus « justes », et leurs propres interdictions spéciales comme les plus « mauvaises » ; mais dans nos croyances sur l'éthique et notre conduite réelle, nous avons varié de manière absurde.

Prenons, par exemple, le concept éthique des « gentlemen » il y a environ un siècle, qui considérait le paiement de ses dettes de jeu comme un devoir presque sacré, et le paiement d'un commerçant qui l'avait nourri et habillé comme un devoir tout à fait négligeable. matière. Si le jeu était un service social, et que la fourniture de nourriture et de vêtements ne l'était pas, cela pourrait être une bonne éthique ; mais comme le contraire est vrai, nous devons expliquer cette vision particulière par d'autres raisons.

Là encore, alors qu'au Japon une jeune fille, pour subvenir aux besoins de ses parents, a le droit de mener une vie de honte, nous avons une norme éthique particulière, difficile à apprécier pour les esprits occidentaux.

Pourtant, dans un cas tel que celui décrit dans « Auld Robin Gray », nous voyons exactement le même code ; la jeune fille, pour le bien de ses parents, épouse un vieillard riche qu'elle n'aime pas, ce qui revient à mener une vie de honte. La conception éthique qui justifie cela place le bénéfice des parents au-dessus du bénéfice des enfants, prive la fille du bonheur et de la maternité, nuit à la postérité pour aider les ancêtres.

C'est l'un des produits de cette très ancienne religion, le culte des ancêtres ; et nous mettons ici le doigt sur une influence nettement masculine.

Nous savons peu de choses sur les valeurs éthiques du matriarcat ; quels qu'ils soient, leur sanction devait dépendre d'un culte de la maternité promiscuité mais efficace. Notre histoire commence à l'époque patriarcale, et c'est seule son éthique que nous connaissons.

L'instinct maternel, dans toute la nature, est celui d'un dévouement sans mélange, d'amour et de service, de soin et de défense , sans aucun intérêt personnel. Le père animal, dans les cas où il est au service des petits, assiste de la même manière la mère dans son travail. Mais le père humain dans la famille à chef masculin a vite fait de cette famille un instrument de désir, de combat et d'expression de soi, suivant des pulsions essentiellement masculines. Les enfants étaient les siens, et s'ils étaient des mâles, ils étaient précieux pour le servir et le glorifier. Dans sa domination sur les femmes serviles et les enfants sans défense, il a donné libre cours au développement de l'orgueil et à l'exercice d'une tyrannie irresponsable. C'est à ces sentiments, développés sans contrôle pendant des milliers d'années, et aux habitudes mentales qui en résultent, qu'il est facile de retracer une grande partie des préjugés de nos premiers concepts éthiques.

vaut- il la peine de répéter ici que l'effort de ce livre n'est en aucun cas d'attribuer une influence totalement mauvaise aux hommes, et une influence totalement bonne aux femmes ; on ne prétend même pas qu'une culture purement féminine aurait fait progresser le monde avec plus de succès. Il prétend que l'influence des deux ensemble est meilleure que celle de l'un ou l'autre seul ; et en particulier pour souligner quel type particulier de préjudice est dû jusqu'à présent à l'influence exclusive d'un sexe.

Nous avons aujourd'hui atteint un degré de développement humain où les hommes et les femmes sont capables de voir au-delà des distinctions de sexe et de travailler ensemble au progrès du monde. Notre progrès est cependant sérieusement entravé par ce que nous pourrions appeler la tradition masculine, la domination inconsciente d'une habitude raciale basée sur cette longue période androcentrique ; et il vaut la peine, dans l'intérêt des deux sexes, de montrer les effets néfastes de la prédominance de l'un.

Nous avons dans notre éthique un « double standard » non seulement dans un domaine particulier, mais dans presque tous les domaines. L'homme, en tant que sexe, a tout naturellement divinisé ses propres qualités plutôt que celles de son opposé. Dans ses codes de bonnes manières, de morale, de lois, dans ses premières conceptions de Dieu, dans ses anciennes religions, nous voyons la masculinité écrite en grand de tous côtés. En limitant les femmes entièrement à leurs fonctions féminines, il n'a exigé d'elles que ce qu'il a appelé des vertus féminines, et la seule vertu qu'il a exigée, à l'éclipse complète de toutes les autres, se mesure à des exigences entièrement masculines.

Dans l'intérêt de la santé et du bonheur, le mariage monogame prouve sa supériorité dans notre race comme chez les autres. Il est essentiel à la meilleure croissance de l'humanité que nous pratiquions la vertu de chasteté ; c'est une vertu humaine et non féminine. Mais entre des mains masculines, cette vertu était imposée aux femmes sous des peines d'une cruauté hideuse et totalement ignorée par les hommes. L'éthique masculine, colorée par les instincts masculins, toujours dominés par le sexe, a d'emblée reconnu la valeur de la chasteté chez la femme, ce qui est juste ; puni injustement son absence, ce qui est une erreur ; puis tout a été inversé lorsqu'il s'agit d'hommes, ce qui est ridicule.

Les lois éthiques sont des lois, et non des notions vaines. La chasteté est une vertu parce qu'elle favorise le bien-être humain, et non pas parce que les hommes l'apprécient chez les femmes et l'ignorent eux-mêmes. La raison sous-jacente de tout cela est le bénéfice de l'enfant ; et pour cela, il faut une paternité pure et noble, ainsi qu'une telle maternité. Sous les limites d'une éthique trop masculine, nous avons développé sur cette seule ligne des conditions sociales qui seraient absurdement drôles si elles n'étaient pas si horribles.

La religion, remarque-t-on, ne confirme pas cette attitude. L'immense besoin humain de religion, le noble caractère humain des grands maîtres religieux, ont toujours placé leurs normes, lorsqu'elles ont été établies, avant la conduite humaine.

Certains, des hommes instruits et faisant autorité, estiment que l'immobilité assourdissante de nos religions, leur résistance au progrès et la préservation implacable des idéaux primitifs sont dues au conservatisme des femmes. Les hommes, disent-ils, sont progressistes par nature ; les femmes sont conservatrices. Les femmes sont plus religieuses que les hommes et préservent ainsi les anciennes formes religieuses une fois que les hommes les ont dépassées.

Si nous voyions des femmes en liberté absolue, avec une religion distincte conçue par les femmes, pratiquée par les femmes et restant inchangée à travers les siècles ; tandis que les hommes, en revanche, bondissaient courageusement en avant, en créant de nouveaux aussi vite qu'ils étaient nécessaires, cette croyance pouvait être maintenue. Mais que voit-on ? Toutes les vieilles religions créées par les hommes et imposées aux femmes, que cela leur plaise ou non. Souvent, les femmes ne sont même pas considérées comme faisant partie du projet – des âmes privées – se voient attribuer une place bien inférieure dans le système – passant du service des dieux de leur père au service de leurs maris – n'ayant aucun des leurs. Nous voyons les religions qui ne font pratiquement aucune place aux femmes, comme celle des musulmans, aussi rigidement fanatiques et immuables que les autres.

Nous voyons aussi ceci : plus la religion est large et profonde, plus elle est humaine, plus elle appelle des applications pratiques dans le christianisme – plus elle séduit les femmes. De plus, dans les sectes divergentes de la religion chrétienne, nous constatons que sa progressivité doit être mesurée, non pas par le nombre de ses adhérentes, mais par leur liberté relative. Les femmes d'Amérique, qui appartiennent à mille sectes, qui en suivent avidement de nouvelles, qui en font même, et qui les quittent toutes comme les hommes, sont des femmes, ainsi que celles d'Espagne, qui restent des romanes contentes, mais en Amérique, le statut des femmes est plus élevé.

Le fait est le suivant : une féminité servile est dans un état de développement arrêté et, en tant que telle, constitue un terrain propice à la rétention d'idées anciennes. Mais cela est dû à la condition de servilité et non à la féminité. Le fait que les femmes soient aujourd'hui le rempart des anciennes formes de nos religions est dû à l'action de deux classes d'hommes : les hommes du monde, qui maintiennent les femmes dans leur position restreinte, et les hommes d'Église, qui profitent de tous les avantages possibles. des limites des femmes. Lorsque nous aurons pour la première fois dans l'histoire une féminité réellement civilisée, nous pourrons alors mieux juger de son effet sur la religion.

Pendant ce temps, nous pouvons voir très clairement l'effet de la virilité. En gardant à l'esprit ces impulsions masculines fondamentales – le désir et le combat – nous les voyons se refléter du haut du ciel dans leurs concepts religieux. Récompense! Quelque chose à vouloir énormément et à avoir du mal à réaliser ! C'est un concept parfaitement masculin et très imparfaitement religieux. Une religion est en partie une explication – une théorie de la vie ; c'est en partie une émotion – une attitude d'esprit, c'est en partie une action – un système de morale. L'influence particulière de l'homme sur ce vaste domaine du développement humain est évidente. Il se représentait ses premiers dieux comme étant semblables à lui-même et ils se comportaient conformément à ses idéaux. Dans les religions les plus obscures et les plus anciennes, les plus proches du matriarcat, nous trouvons de grandes déesses – des types de maternité, d'amour maternel, de soins maternels et de service. Mais sous la domination masculine, Isis et Ashteroth se transforment en une séduisante Aphrodite – non pas la féminité pour l'enfant et le monde – mais l'incarnation de l'attrait féminin pour l'homme.

À mesure que l'idée du paradis se développait dans l'esprit de l'homme, il devint le terrain de chasse heureux du sauvage, le Valhalla bière et sanglant du Nordique, le paradis voluptueux et aux nombreuses heures du mahométan. Ce sont tous des paradis pour hommes. Les femmes n'ont jamais été aussi friandes de chasse, de bière ou de sang ; et leurs houris seraient de l'autre espèce. On peut dire que l'idée chrétienne primitive du ciel n'est en aucun cas destinée aux hommes. C'est banal, et c'est peut-être la raison pour laquelle il n'a jamais eu pour eux un attrait aussi irrésistible.

Très tôt dans ses vagues efforts vers l'expression religieuse, l'homme a exprimé son deuxième instinct le plus fort : celui du combat. Son univers est toujours double, toujours scène de combat. Né avec cette impulsion, l'exerçant continuellement, il a naturellement considéré qu'elle était le processus majeur de la vie. Ce n'est pas. La croissance est le processus majeur. Le combat est un processus subsidiaire utile, surtout précieux pour son utilisation initiale, pour transmettre la supériorité physique du vainqueur. Les avantages psychiques et sociaux ne sont ainsi ni assurés ni transmis.

Nulle part le caractère androcentrique de notre pensée commune n'est plus clairement démontré que dans la déification générale de ce que l'on décrit aujourd'hui comme des « stimuli de conflit ». Ce qui est vrai de la créature mâle en tant que telle est supposé être vrai de la vie en général ; tout à fait naturellement, mais en aucun cas correctement. À cette erreur masculine universelle , nous pouvons faire remonter, dans le domaine de la religion et de l'éthique, la théorie du grand diable, qui a obscurci nos esprits pendant si longtemps. Un Dieu sans adversaire était inconcevable pour l'esprit masculin. À partir de cette idée fausse fondamentale, nous trouvons toutes nos idées sur l'éthique déformées ; ce qui aurait dû être traité comme un ensemble de vérités à apprendre et d'habitudes à cultiver a été traité en termes de combat, et la croissance morale a fait d'un combat éternel. Cette théorie du combat pourra être suivie plus tard dans nos notions communes de discipline, de gouvernement, de loi et de punition ; suffit-il d'en constater les effets douloureux dans ce domaine primordial de l'éthique et de la religion ?

Le troisième trait masculin essentiel de l'expression de soi que nous pouvons suivre depuis sa forme naturelle innocente en se pavanant sur le coq ou en piétinant le cerf jusqu'aux caractéristiques que nous qualifions de vanité et de fierté. La dégradation des femmes, en les forçant à adopter des méthodes masculines de décoration personnelle comme moyen de subsistance, s'est accompagnée d'une vanité personnelle : mais jusqu'à ce jour et dans le pire des cas, nous ne trouvons pas chez les femmes l'éclat naïf et exultant de l'orgueil qui les *caractérise* . gonfle le sein des hommes qui défilent en procession avec des fanfares, en pleins insignes de toute sorte, pour que ce soit magnifique, exhibant leurs gloires à tous.

C'est cet esprit purement masculin qui a donné à nos premières conceptions de la Divinité les qualités peu admirables d'un orgueil sans limites et d'une soif de louange constante et d'une admiration prosternée, caractéristiques certainement inadaptées à toute noble idée de Dieu. Le désir, le combat et l'expression de soi ont tous eu leur influence incontournable sur les religions masculines. Ce qu'une culture purement féminine aurait pu proposer comme divinisation de la Maternité, nous l'ignorons, n'en ayant pas eu. On attribue généralement aux femmes autant de sens moral que les hommes et autant d'instinct religieux ; mais jusqu'à présent, il n'a eu qu'un faible pouvoir pour modifier nos croyances dominantes.

En fait, aucun attribut sexuel particulier ne devrait avoir de poids dans nos idées sur le bien et le mal. L'éthique et la religion sont des préoccupations distinctement humaines ; ils nous appartiennent en tant que facteurs sociaux et non physiques. À mesure que nous apprenons à reconnaître notre humanité et à laisser nos caractéristiques sexuelles à leur place, nous apprendrons enfin quelque chose sur l'éthique en tant que science simple et pratique, et verrons que les religions grandissent à mesure que l'esprit grandit pour les formuler.

Si quelqu'un cherche une preuve claire, simple et facile à saisir de notre éthique, elle la trouve dans un proverbe populaire. En luttant pour passer du statut de bête et de sauvage à l'humanité, l'homme a vu, vénéré et s'est efforcé d'atteindre diverses vertus humaines.

Il était prêt à réprimer de nombreuses impulsions primitives, à changer de nombreuses habitudes barbares, à manifester des pouvoirs plus nouveaux et plus nobles. Il concéderait beaucoup de choses à l'humanité, mais pas à son sexe – cela dépassait la portée de l'éthique ou de la religion. Par l'état de ce qu'il appelle la « morale », et les lois qu'il édicte pour les réglementer, par son attitude dans la cour et dans le mariage, et par l'anomalie grossière du militarisme, dans tout son gaspillage insensé de vie, de richesse et de joie, nous peut percevoir cette petite exception masculine :

"Tout est juste en amour et en guerre."

VIII. ÉDUCATION.

L'origine de l'éducation est maternelle. On voit la mère animal enseigner à ses petits ce qu'elle sait de la vie, de ses gains et de ses pertes ; et, que cela soit fait consciemment ou non, c'est cela l'éducation. Dans notre vie humaine, l'éducation, même dans son état actuel, est le processus le plus important. Sans cela, nous ne pourrions pas nous maintenir, et encore moins dominer et améliorer les conditions comme nous le faisons ; et lorsque l'éducation sera ce qu'elle devrait être, notre pouvoir augmentera bien au-delà de nos espérances actuelles.

Chez les animaux inférieurs, en général, les puissances de la race doivent être logées dans chaque individu. Aucun gain d'expérience personnelle ne profite aux autres. Il ne reste aucun avantage, hormis ceux transmis physiquement. Les limites étroites du gain personnel et de l'héritage personnel enferment rigidement le progrès sous-humain. Avec nous, ce que l'un apprend peut être enseigné aux autres. Notre vie est sociale, collective. Notre gain est pour tous et nous profite dans la mesure où nous l'étendons à tous. À mesure que l'âme humaine se développe en nous, nous devenons capables de mieux saisir nos besoins et nos avantages communs ; et avec cette croissance est venue l'extension de l'éducation à l'ensemble du peuple. Les fonctions sociales se développent selon des lois naturelles, comme les lois physiques, et peuvent être étudiées de la même manière.

Dans l'évolution de cette fonction sociale fondamentale, quel a été l'effet d'une influence entièrement masculine ?

Le processus initial, l'instruction de chaque enfant par sa mère, a été largement négligé dans notre monde créé par l'homme. Cela était considéré comme une fonction sexuelle subsidiaire de la femme et, en tant que telle, laissée à son « instinct ». C'est la raison principale pour laquelle nous faisons de si grands progrès dans l'éducation des enfants plus âgés, et surtout de la jeunesse, et si peu, comparativement, dans celle des plus petits.

Nous avons eu d'un côté le courant naturel de l'éducation maternelle, avec sa première assistante, la nourrice, et sa seconde, la « dame-école » ; et de l'autre, l'influence de la classe dominante, organisée en université, collège et école publique, s'infiltrant lentement vers le bas.

Les forces éducatives sont nombreuses. L'enfant naît dans certaines conditions, physiques et psychiques, et est ainsi « éduqué ». Il grandit dans les conditions sociales, politiques et économiques et en est encore modifié. Jusqu'à présent, toutes ces conditions étaient de caractère androcentrique ; mais ce que nous appelons l'éducation en tant que processus social spécial est ce à quoi l'enfant est délibérément enseigné et auquel il est soumis ; et c'est ici que nous pouvons voir si clairement la même influence dominante.

Cette éducation consciente a longtemps été donnée aux seuls garçons, les filles étant laissées à l'influence maternelle, chacune devant apprendre ce que sa mère savait, et rien de plus. Cet exemple très clair de la théorie masculine est suffisamment flagrant en soi pour justifier une argumentation. Cela montre à quel point l'hypothèse selon laquelle le monde était composé d'hommes et que les hommes seuls devaient être préparés pour cela était absolue. Les femmes ne faisaient pas partie du monde et n'avaient besoin d'aucune formation pour pouvoir l'utiliser. En tant que femelles, elles sont nées et non créées ; en tant qu'êtres humains, ils n'étaient que des serviteurs, formés comme tels par leurs mères servantes.

Ce système éducatif devient de plus en plus grand chaque année. Le caractère humain croissant des femmes et sa reconnaissance imposent une éducation égale pour les garçons et les filles. Lorsque cette demande a été formulée pour la première fois par des femmes d' un calibre inhabituel et par des hommes suffisamment humains pour ignorer les préjugés sexuels, comment a-t-elle été satisfaite ? Quelle a été l'attitude de la « protectrice naturelle » de la femme lorsqu'elle a commencé à demander une part à la vie humaine ?

Sous l'hypothèse universelle que les hommes seuls constituaient l'humanité, que le monde était masculin et réservé aux hommes, les efforts des femmes ont été perçus comme une tentative délibérée de se « désexuer » et de devenir des hommes. Être une femme, c'était être ignorante, sans instruction ; être sage, instruit, c'était être un homme. Les femmes n'étaient visiblement pas des hommes ; ils ne pouvaient donc pas être éduqués et ne devraient pas vouloir l'être.

Sous ce préjugé androcentrique, l'extension égale de l'éducation aux femmes s'est opposée à chaque étape, et fait encore l'objet d'une forte opposition. Ne voyant chez la femme que le sexe, et non l'humanité, ils la confineraient exclusivement aux intérêts féminins. C'est la vision masculine *par excellence* . Malgré cela, le développement humain de la femme, qui caractérise si magnifiquement notre époque, s'est poursuivi ; et maintenant, les collèges pour femmes et ceux pour les deux sexes offrent « l'enseignement supérieur » à nos filles, ainsi que les classes inférieures de l'école et de la maternelle.

Dans la formation professionnelle spéciale, la même opposition a été vécue, encore plus rancunière et cruelle. On pourrait penser qu'à l'entrée dans un métier ou une profession de quelques débutantes éparses et nécessairement inférieures, celles qui le possèdent leur tendraient la main droite de la camaraderie, en tant que camarades, une aide supplémentaire en tant que débutantes et une courtoisie particulière en tant que femmes.

C'est le contraire qui s'est produit. Les femmes ont été exclues, discriminées, exploitées en tant que compétitrices ; et en tant que femmes, elles ont dû faire face à des dangers et à des offenses particuliers au lieu d'une courtoisie particulière. Un exemple inoubliable en est l'attitude des facultés de médecine à l'égard des étudiantes. Les hommes, assez forts, on pourrait le croire, en nombre, en connaissances, en précédent établi, pour être généreux, s'opposèrent d'abord aux nouveaux venus par un refus absolu ; puis, lorsque les demandeurs patients et persistants entraient à l'intérieur, les étudiants et les professeurs les traitaient non seulement avec méchanceté et injustice, mais avec une arme ingénieusement bien choisie et des plus déshonorantes : l'obscénité. Des professeurs graves, en cours de cours et en clinique, ainsi que des étudiants souriants, ont utilisé un langage offensant et joué des tours offensants pour chasser les femmes – une performance des plus androcentriques.

Rappelez-vous que l'attitude masculine essentielle est celle de l'opposition, du combat ; son désir s'obtient en vainquant d'abord un concurrent ; puis voyez comment cette masculinité dominante se démarque là où elle n'a aucune utilité ou aucun bénéfice possible – dans le domaine de l'éducation. Tout au long de la ligne, l'homme, longtemps maître d'un sexe sujet, a combattu chaque pas de la femme vers l'égalité mentale. Néanmoins, depuis que l'homme moderne est devenu assez humain pour être juste, il lui a enfin fait partager les avantages de l'éducation ; et elle a prouvé toute sa capacité à apprécier et à utiliser ces avantages.

Alors aujourd'hui s'élève un nouveau cri contre « les femmes dans l'éducation ». Voici M. Barrett Wendell, de Harvard, affirmant solennellement qu'enseigner aux femmes affaiblit l'intellect de l'enseignant, et éclate de temps en temps un cri d'alarme frénétique à propos de la « féminisation » de nos écoles. Il est vrai que la majorité des enseignants sont désormais des femmes. Il est vrai qu'ils ont une influence sur la croissance des enfants. Il semble même vrai que c'est en grande partie à cela que servent les femmes.

Mais l'homme considère que son influence est normale, humaine, et que l'influence féminine est entièrement une question de sexe ; par conséquent, là où les femmes enseignent aux garçons, ceux-ci deviennent « efféminés » – une chute douloureuse. Quand les hommes enseignent aux filles, est-ce que les filles deviennent ——— ? Là encore, nous manquons d'analogue. Il n'est jamais venu à l'esprit de l'esprit androcentrique de concevoir une chose comme étant trop masculine. Un tel mot n'existe pas ! Il est étrange de constater que, quelle que soit la position de la femme, elle est censée exercer cette influence dégradante ; si elle est enseignante, elle efféminise ses élèves ; si elle est élève, elle efféminise ses professeurs.

Maintenant, libérons-nous, ne serait-ce que pour un instant, de l'habitude androcentrique de l'esprit.

En matière de sexe, la femelle est la plus importante. Sa part dans les processus auxquels sert la distinction sexuelle est de loin la plus grande. Être féminin – si l'on n'était rien d'autre – est une fonction bien plus étendue et plus digne qu'être masculin – et rien d'autre.

Mais du point de vue de l'humanité, le mâle de notre espèce est actuellement bien en avance sur la femelle. Par cette humanité supérieure, ses connaissances, ses compétences, son expérience, son organisation et sa spécialisation, il fabrique et gère le monde. Tout cela est humain, pas masculin. Tout cela est aussi ouvert à la femme qu'à l'homme par nature, mais cela lui a été refusé au cours de notre culture androcentrique.

Mais même si, dans un processus purement humain, comme l'éducation, elle fait valoir ses caractéristiques féminines particulières, quelles sont-elles et quels en sont les résultats ?

On voit partout l'influence masculine encore dominante et supérieure. Il y a le premier aiguillon, le Désir, la base du système de récompense, l'incitation à l'intérêt personnel, l'attitude qui dit : « Pourquoi devrais-je faire un effort à moins que cela ne me procure du plaisir ? avec sa paresse concomitante, sa réticence à travailler sans paiement. Il y a le deuxième aiguillon, le Combat, le système de compétition, qui oppose les uns aux autres et trouve du plaisir non pas à apprendre, à exercer son esprit, mais à devancer ses semblables. Sous ces deux influences entièrement masculines, nous avons fait du processus éducatif une joie pour le petit nombre de ceux qui réussissent, et un effort lassant, accompagné d'échecs et de mépris, pour tous les autres. C'est peut-être une bonne méthode dans la compétition sexuelle, mais elle est totalement déplacée et nuisible dans l'éducation. Sa prévalence montre la masculinisation préjudiciable de ce noble processus social.

Que pourrions-nous rechercher dans une influence nettement féminine ? Quelles sont ces caractéristiques féminines tant redoutées ?

Les maternels, bien sûr. Les instincts sexuels de l'homme sont de nature préliminaire et conduisent simplement à l'union précédant la parentalité. Les instincts sexuels de la femme couvrent un domaine bien plus vaste et se consacrent le plus pleinement à l'amour durable, au service incessant, à l'ingéniosité et au courage d'une maternité efficace. Féminiser l'éducation serait la rendre plus maternelle . La mère n'élève pas ses enfants selon un système de récompenses qu'elle désire et poursuit ; elle ne les met pas non plus en concurrence les uns avec les autres, donnant à l'enfant conquérant ce dont il a besoin, et au vaincu le blâme et la privation. Ce serait « non féminin ».

La maternité fait tout ce qu'elle peut pour donner à chaque enfant ce dont il a le plus besoin, pour enseigner à chacun le maximum de ses capacités, pour les développer tous ensemble avec affection et efficacité.

Mais ce n'est pas ce que veulent dire ceux qui craignent tant l'influence des femmes. Habitués à un niveau de vie entièrement masculin, à des idéaux, des vertus, des méthodes et des conditions masculines, ils disent – et disent avec une certaine justice – que les méthodes et les idéaux féminins seraient destructeurs pour ce qu'ils appellent la « virilité ». Par exemple, l'éducation est aujourd'hui étroitement liée aux jeux et aux sports, tous de nature excessivement masculine. "L'éducation d'un garçon se fait en grande partie sur la cour de récréation !" disent les opposants aux enseignantes. Les femmes ne peuvent pas les y rejoindre ; ils ne peuvent donc pas les éduquer.

Quels sont ces jeux auxquels les femmes ne peuvent pas participer ? Il existe bien sûr des formes de combat, violentes et féroces, des modifications modernes de l'instinct de combat sexuel. Il est tout à fait vrai que les femmes ne sont pas adaptées ou enclines au baseball, au football ou à tout autre jeu violent. Ils sont parfaitement compétents pour participer à tout développement sportif normal, l'éventail humain de l'agilité et de l'habileté leur est ouvert, comme le savent tous ceux qui ont été au cirque ; mais ils ne sont pas construits pour le combat physique ; ils ne trouvent pas non plus un plaisir incessant à lancer, frapper ou donner des coups de pied.

Mais est-il vrai que ces jeux intenses ont la valeur éducative qu'on leur prête ? Cela semble être un blasphème de le remettre en question. L'ensemble des enseignants, des élèves, des critiques et des spectateurs masculins expriment haut et fort leur admiration pour la "virilité" développée par le savoir-faire, le courage, le pouvoir de coordination et "l'esprit sportif" général développé par le football, par exemple. ; que quelques jeunes gens soient tués et beaucoup mutilés, ce n'est rien en comparaison de ces avantages.

Revenons sur la triple distinction sur laquelle repose toute cette étude, entre masculin, féminin et humain. Admettez que la femme, étant féminine, ne peut pas imiter l'homme en étant masculin – et ne veut pas le faire. Admettons que les qualités masculines aient leur utilité et leur valeur, tout comme les qualités féminines. Il reste encore les qualités humaines partagées par les deux, mais n'appartenant à aucun des deux, ce qui est le plus important de toutes. L'éducation est un processus humain et doit développer les qualités humaines et non les qualités sexuelles. Nos garçons sont sûrement suffisamment masculins, sans avoir besoin d'une éducation spéciale pour les rendre davantage.

L'erreur est ici. Un monde strictement masculin, fier de son propre sexe et méprisant l'autre, ne voyant au monde que le sexe, masculin ou féminin, a « vu avec inquiétude » la croissance régulière et rapide de l'humanité. Ici, par exemple, on voit un garçon qui tend visiblement à être un artiste, un musicien, un découvreur scientifique. Voici un autre garçon qui n'est particulièrement intelligent dans aucun domaine, ni ambitieux pour aucun travail spécial, bien qu'il ait l'intention d'une manière générale de « réussir » ; c'est pourtant un grand gaillard, un bon combattant, espiègle comme un singe, et fort des vertus que recouvre le mot « esprit sportif ». Ce garçon, nous l'appelons "un brave garçon viril".

Nous avons tout à fait raison. Il est. Il est nettement et excessivement masculin, au détriment de son humanité. Il peut faire un père plus puissant que l'autre, même si cela n'est pas certain ; il peut, et fera probablement, plaire davantage à la jeune fille excessivement féminine, qui a encore moins d'humanité que lui ; mais il n'est pas pour autant un meilleur citoyen.

Le progrès de la civilisation fait appel à des qualités humaines, tant chez les hommes que chez les femmes. Notre système éducatif est contrecarré et entravé, non pas comme le professeur Wendell et sa vie voudraient nous le faire croire, par la « féminisation », mais par une masculinisation excessive .

Leur position est simple. "Nous sommes des hommes. Les hommes sont des êtres humains. Les femmes ne sont que des femmes. C'est un monde d'hommes. Pour y arriver, vous devez le faire à la manière des hommes, c'est-à-dire combattre et vaincre les autres. Étant civilisés, en partie, nous Nous devons organiser une sorte de « guerre civilisée » et apprendre à jouer à ce jeu, le vieux jeu de combat masculin, grossier et féroce, et nous devons éduquer nos garçons à ce jeu. » Il n'est pas étonnant que l'éducation ait été refusée aux femmes. Pas étonnant que leur influence soit redoutée par une culture ultra-masculine.

Cela changera le système avec le temps. Elle accordera progressivement une place égale dans la vie aux caractéristiques féminines, si longtemps rabaissées et ridiculisées, et donnera une dignité prééminente au pouvoir humain.

La culture physique, tant pour les garçons que pour les filles, fera partie d'un tel système modifié. Tout ce que les deux peuvent faire ensemble sera accepté comme humain ; mais ce que les garçons ou les filles doivent se retirer pour pratiquer sera franchement qualifié de masculin et féminin et ne sera pas encouragé chez les enfants.

Les qualités les plus importantes sont les qualités humaines et seront ainsi nommées et honorées. Le courage est une qualité humaine, pas une qualité sexuelle. Ce qu'on appelle communément courage chez les animaux mâles n'est qu'une simple belligérance, un instinct de combat. Rencontrer un adversaire de son espèce est un trait masculin universel ; deux pères chats peuvent se battre violemment, mais tous deux fuiront un chien aussi vite qu'une mère chat. Elle a cependant assez de courage pour défendre ses chatons.

Ce dont le monde a le plus besoin aujourd'hui, tant chez les hommes que chez les femmes, c'est le pouvoir de reconnaître nos conditions publiques ; voir l'importance relative des mesures; apprendre les processus de citoyenneté constructive. Nous avons besoin d'une éducation qui expose les faits par ordre d'importance ; la morale et les manières basées sur ces faits ; et entraîner nos pouvoirs personnels grâce à une sélection minutieuse, afin que chacun puisse servir au mieux la communauté.

À l'heure actuelle, dans les processus plus vastes d'éducation extrascolaire, l'avantage revient toujours au garçon. Dès l'enfance, nous commettons l'erreur grossière d'accentuer le sexe chez nos enfants, par l'habillement et toutes ses limites, par un enseignement spécial sur ce qui est « féminin » et « viril ». Le garçon a droit à une liberté d'expérience bien supérieure à celle de la fille. Il en apprend davantage sur sa ville, sur les machines, sur la vie, transmettant de père en fils les vérités ainsi que les traditions de supériorité sexuelle.

Tout cela change sous nos yeux, avec l'avancée de l'humanité des femmes. Cependant, leur progrès n'a pas encore affecté, dans une large mesure, la base de toute éducation ; l'expérience des premières années d'un enfant. C'est ici que les limitations des femmes ont freiné le plus minutieusement la progression de la course. Ici, l'influence héréditaire était constamment compensée par l'avancée du mâle. La sélection sociale a effectivement développé des types d'hommes plus élevés, même si la sélection sexuelle inversée insistait toujours sur des types primitifs de femmes. Mais l'influence éducative de ces femmes primitives, agissant plus exclusivement sur les années les plus sensibles de la vie, a été un frein sérieux au progrès de la race.

Voici le mâle dominant, largement humanisé, mais mesurant toujours la vie à l'aune des normes masculines. Il considère les femmes uniquement comme un sexe. (Notez ici les critiques des Européens à l'égard des femmes américaines. "Vos femmes sont tellement asexuées!" disent-ils, signifiant simplement que nos femmes ont des qualités humaines aussi bien que féminines.) Et les enfants qu'il considère comme faisant partie intégrante du même domaine, les deux classes inférieures, « femmes et enfants ».

Je me souviens dans les belles études à la sanguine de Rimmer, de certains profils d'homme, de femme et d'enfant, et d'une explication minutieuse selon laquelle la proportion du visage et de la tête de la femme s'apparentait beaucoup plus à celle de l'enfant qu'à celle de l'homme. Ce que M. Rimmer aurait dû et aurait pu montrer, par de nombreuses illustrations, c'est que les visages des garçons et des filles ne diffèrent que légèrement, et que les visages des vieillards et des femmes diffèrent aussi peu, parfois pas du tout ; tandis que le visage de la femme se rapproche plus de celui de l'humain que celui de l'homme ; tandis que l'enfant, représentant la race plus que le sexe, est naturellement plus proche d'elle que de lui. Le mâle réserve des qualités plus primitives, la pilosité, la mâchoire plus pugnace ; la femelle est plus proche des types humains supérieurs.

Une sélection ultra-masculine a choisi les femmes pour leur féminité d'abord, puis pour leurs qualités de soumission et de service patient, engendrées par de longues années de servilité.

Cette féminité servile, ou le type oisif et plus excessivement féminin, n'a jamais apprécié le pouvoir et la place réels de la mère, et n'a jamais été capable de comprendre ou de mettre en œuvre un système digne d'éducation pour les petits enfants. Tout enseignant expérimenté, homme ou femme, reconnaîtra combien il est rare de trouver une mère capable d'apprécier sereinement les valeurs éducatives. Les livres sur l'éducation infantile et la culture infantile sont généralement plus lus par les enseignants que par les mères, comme le prouvent nos bibliothèques publiques. L'instinct maternel, tout à fait convenable et suffisant chez les animaux, n'est en aucun cas à la hauteur des exigences de la vie civilisée. La maternité animale fournit une nouvelle vague de dévotion à chaque nouvelle naissance ; la maternité humaine primitive étend cette tendresse passionnée sur la famille grandissante pendant une période plus longue ; mais ni l'un ni l'autre ne peuvent porter l'éducation au-delà de ses rudiments.

Nous sommes si habitués à notre vieille méthode qui consiste à confier les premières années de l'enfant à l'action d'un instinct maternel non instruit et débridé, que les suggestions relatives à une meilleure éducation des bébés sont accueillies avec la dérision franche de l'ignorance massive.

Cette écrivaine puissante et brillante, Mme Joséphine Daskam Bacon, a, entre autres, prêté sa plume compétente pour ridiculiser et entraver l'éveil progressif de l'intelligence humaine chez les mères, la reconnaissance que les bébés ne font pas exception au reste d'entre nous en étant mieux lotis pour des enfants compétents . soins et services. Il semble délicieusement absurde à ces réactionnaires que les âges du progrès humain puissent bénéficier aux bébés, sauf, en effet, dans la mesure où leurs pères plus humains, spécialisés et organisés, sont capables de leur fournir de meilleurs foyers et un monde meilleur dans lequel grandir. L'idée selon laquelle les mères, plus humaines, devraient elles aussi se spécialiser, s'organiser et étendre à leurs bébés ces avantages suprêmes, est ridiculisée.

Il est facile et profitable de rire avec la majorité ; mais aux yeux de l'histoire, ceux qui le font occupent des positions peu enviables. Le temps vient où la mère humaine reconnaîtra les possibilités éducatives de la petite enfance, apprendra que la capacité d'enseigner correctement aux petits enfants est rare et précieuse, et sera fière et heureuse d'en profiter.

Nous assisterons alors à un développement des qualités humaines les plus précieuses dans l'esprit de nos enfants, ce qui semble aujourd'hui follement utopique. Nous apprendrons, grâce à une vaste et longue expérience, à anticiper et à prévoir les étapes du développement de l'esprit, et à l'entraîner, à travers des expériences soigneusement préparées à l'avance, à un pouvoir de jugement, de maîtrise de soi, de perception sociale, aujourd'hui totalement impensé.

Une telle éducation commencerait dès la naissance ; oui, bien avant elle, dans les standards d'une maternité humaine consciente. Cela nécessiterait un statut tout à fait différent de femme, de femme, de jeune fille. Ce serait totalement impossible si nous ne parvenions jamais à dépasser notre culture androcentrique.

IX. "SOCIÉTÉ" ET "MODE"

Parmi nos nombreuses croyances erronées et naïves, il y a l'idée fausse actuelle selon laquelle la « société » est créée par les femmes ; et que les femmes sont responsables de cette manifestation sociale particulière appelée « mode ».

Les hommes et les femmes acceptent cette notion ; l'essayiste et le philosophe sérieux, tout comme le romancier et le paragrapheur, le reflètent dans leurs pages. La force d'inertie agit dans le domaine du médium comme de la physique ; toute idée poussée dans l'esprit populaire avec une force considérable continuera jusqu'à ce qu'une force opposée – ou la lente résistance des frictions – l'arrête enfin.

La « société » est majoritairement composée de femmes. Les femmes réalisent la plupart de ses processus, c'est pourquoi les femmes en sont les créatrices et les maîtresses, elles en sont responsables, telle est la croyance générale.

Autant tenir les femmes responsables des harems – ou les prisonnières pour les prisons. Être confiné, impuissant, dans un lieu ou dans une condition donnée ne prouve pas que l'on l'a choisi ; encore moins réussi.

Non; Dans une culture androcentrique, la « société », comme toutes les autres relations sociales, est dominée par l'homme et organisée pour sa convenance. Il y a bien sûr des modifications dues à la présence de l'autre sexe ; là où il y a plus de femmes que d'hommes, leur influence est inévitable ; mais le caractère et les conditions de l'ensemble du spectacle sont dictés par les hommes.

Les relations sociales sont la condition première de la vie humaine. Se rencontrer, se mêler, se connaître, échanger non seulement des idées, des faits et des sentiments précis, mais aussi expérimenter ce vague stimulus général et cette puissance élargie qui naît du contact - tout cela est essentiel à notre bonheur ainsi qu'à notre bonheur. nos progrès.

Ce grand desideratum a toujours été monopolisé autant que possible par les hommes. Les relations sexuelles autorisées aux femmes ont été strictement encadrées par des conventions créées par l'homme. Les femmes acceptent ces conventions, les répètent, les imposent à leurs filles ; mais ils proviennent des hommes.

Les pieds de la petite Chinoise sont liés par sa mère et sa nourrice — mais ce n'est pas pour le plaisir des femmes que cette torture paralysante a été inventée. Le voile oriental est porté par les femmes, mais ce n'est pas pour un quelconque besoin que les voiles leur ont été décrétés.

Quand nous regardons la société dans sa forme antérieure , nous constatons que le pub a toujours été avec nous. Elle est presque aussi vieille que la maison privée ; le besoin d'association est aussi humain que le besoin d'intimité. Mais le pub était – et est – réservé aux hommes. La femme a été gardée autant que possible à la maison. Sa nature féminine était censée délimiter sa vie de manière satisfaisante, et sa stature humaine était complètement ignorée.

Sous la pression de cette nature humaine , elle s'est toujours rebellée contre les restrictions sociales qui l'entouraient ; et depuis les femmes des terres plus anciennes rassemblées au puits ou sur la place du marché, jusqu'à nos propres femmes sur les marches de l'église ou dans le cercle de couture, elles ont sans cesse lutté pour les relations sociales qui étaient autant une loi de leur être qu'elles. de l'homme.

Lorsque nous abordons le domaine spécial moderne que nous appelons « société », nous constatons qu'il consiste en un ensemble soigneusement organisé de processus et de lieux dans lesquels les femmes peuvent se rencontrer et rencontrer des hommes. Ceux-ci varient, bien entendu, selon la race, le pays, la classe sociale et l'époque ; de la licence pure de nos coutumes occidentales au chaperonnage strict des terres plus anciennes ; mais comme c'est libre en Amérique, même ici, il y a des limites.

Les hommes s'associent sans autre limite que celle de l'inclination et de la capacité financière. Même la distinction de classe ne fonctionne que dans un sens : l'homme des classes inférieures ne peut pas se mêler aux femmes des classes supérieures ; mais l'homme de la classe supérieure peut se mêler – et il le fait – aux femmes de la classe inférieure. C'est sa société : un homme ne peut-il pas faire ce qu'il veut des siens ?

Les distinctions de caste, comme l'a montré avec brio le professeur Lester F. Ward, sont des reliques de la distinction raciale ; la caste subordonnée était autrefois une race subordonnée ; et tandis que l'accouplement, vers le haut, était toujours interdit à la race soumise ; l'accouplement, vers le bas, a toujours été pratiqué par la race maîtresse.

L'ombrage élaboré de « la ligne de couleur » à l'époque de l'esclavage, du noir pur en passant par le mulâtre, le quadroon, l'octoroon, le quintoon , la griffada , le mustafee , le mustee et le chant d'or, jusqu'au blanc à nouveau ; ce n'était pas par l'intermédiaire de mères blanches, mais de pères blancs ; jamais trop exclusifs dans leurs goûts. Même dans l'esclavage, les pires horreurs étaient strictement androcentriques.

La « société » est strictement surveillée, c'est-à-dire ses femmes. Comme toujours, le tabou principal repose sur la femme. Considérez attentivement la relation entre la « société » et la jeune fille qui grandit. Elle doit bien sûr se marier ; et son éducation, ses manières, son caractère doivent bien sûr plaire au futur prétendant. Ce qui est désirable chez les jeunes filles signifie naturellement ce qui est désirable chez les hommes. De toutes les réalisations cultivées, la première est « l'innocence ». La beauté peut être au rendez-vous ou non ; mais « l'innocence » est « le charme principal de l'enfance ».

Pourquoi? A quoi ça lui sert ? Le succès de toute sa vie dépend de son mariage ; sa santé et son bonheur dépendent de son mariage avec le bon homme. Plus elle est « innocente », moins elle en sait, plus il est facile pour le mauvais homme de l'avoir.

Comme cela est décrit avec tant d'émotion dans "Les Douleurs d'Amelia", dans "Le Cabinet Littéraire des Dames", un magazine pris par ma grand-mère ; "La seule faiblesse que possédait la délicate Amélia était une poitrine sans méfiance pour prodiguer de l'estime. Indifférente aux méchancetés secrètes d'un monde vile et dégénéré, elle a toujours imaginé que toute l'humanité était aussi impeccable qu'elle. Hélas pour Amélia ! Cette crédulité fatale était la source de tous ses malheurs. » C'était. C'est encore le cas.

Affrontez simplement les faits avec un regard nouveau : regardez-les comme si vous n'aviez jamais vu de « société » auparavant ; et observez la position de sa « Reine ».

Voici la Femme. Admettons que la maternité soit son objectif principal. (En tant que femme, c'est le cas. En tant qu'être humain, elle en a d'autres !) Le mariage est notre façon de sauvegarder la maternité ; d'assurer « soutien » et « protection » à l'épouse et aux enfants.

La « société » est très largement utilisée comme un moyen de rapprocher les jeunes, de promouvoir le mariage. Si la « société » est créée et gouvernée par les femmes, nous devrions naturellement rechercher ses restrictions et ses encouragements, qui mettraient l'accent sur une maternité réussie et protégeraient les femmes – et leurs enfants – des méfaits d'une paternité mal réglementée.

Est-ce qu'on trouve ça ? En aucun cas.

La « société » accorde à l'homme toute liberté, tout privilège, toute licence. Il y a certaines infractions qui l'excluraient ; comme ne pas payer ses dettes de jeu ou être pauvre ; mais les offenses contre la féminité – contre la maternité – ne l'excluent pas.

Et l'inverse ?

Si la « société » est faite par des femmes, pour les femmes, un faux pas d'une jeune fille impuissante et « innocente » ne nuira sûrement pas à sa réputation !

Mais c'est le cas. Elle n'est plus « innocente ». Elle le sait maintenant. Elle a perdu sa valeur marchande et est expulsée du magasin. Pourquoi pas? C'est sa boutique, pas la sienne. Ce que les femmes peuvent être ou non, ce qu'elles doivent et ne doivent pas faire, tout est mesuré à partir du critère masculin.

Une « société » réellement féminine, fondée sur les besoins et les plaisirs des femmes, en tant que femmes et en tant qu'êtres humains, leur accorderait en premier lieu la liberté et la connaissance ; la connaissance qui est le pouvoir. Il ne nous montrerait pas « la reine de la salle de bal » dans la position d'une giroflée à moins d'être favorisé par une invitation masculine ; incapable de manger à moins qu'il ne lui apporte quelque chose ; incapable de traverser le sol sans son bras. De tous les « paresseux royaux » aveugles et abrutis, elle est l'archétype. Non, une société féminine accorderait *au moins* l'égalité aux femmes dans ce soi-disant domaine spécial.

Son attitude envers les hommes serait cependant strictement critique.

Imaginez une vraie Mme Grundy (jusqu'à présent, c'était un M., ses moustaches cachées dans des cordons) disant : "Non, non, jeune homme. Vous ne le ferez pas. Vous avez bu. Cette habitude se développe en vous. . Tu feras un mauvais mari.

Ou plus sévèrement encore : « Dehors, monsieur ! Vous avez perdu votre droit de vous marier ! Prenez votre retraite pour sept ans et, à votre retour, apportez un certificat médical avec vous.

Cela semble ridicule, n'est-ce pas, de la part de la « Société » ? C'est ridicule, dans une « société » d'hommes.

La tenue vestimentaire et la décoration requises de la « société » ; le manger et le boire éternels de la « société », les divertissements préférés de la « société », les exigences absolues et les exclusions absolues de la « société », appartiennent aux hommes, par les hommes, pour les hommes, pour paraphraser une citation éculée . Et puis, sur tout ce vaste édifice d'influence masculine, ils se tournent vers les femmes comme Adam le fit ; et blâmez- *les* pour leur sévérité envers leurs sœurs déchues ! "Les femmes sont si dures avec les femmes !"

Elles doivent être. Quel homme « permettrait » à sa femme, à ses filles, de rendre visite et de s'associer avec « ceux qui sont tombés » ? Son estime serait perdue, ils perdraient leur « position sociale », la chance de se marier pour la jeune fille disparaîtrait.

Les hommes ne sont pas si sévères. Ils peuvent rendre visite aux malheureuses femmes, pour leur apporter aide, sympathie, rétablissement — ou pour d'autres raisons ; et cela ne perd pas leur position sociale. Pourquoi le devrait-il ? Ils font le règlement.

Les femmes sont aujourd'hui, bien plus visiblement que les hommes, les interprètes et les victimes de ce pouvoir mystérieux que nous appelons la « mode ». Comme le montre la simple imitation impuissante des idées, des coutumes et des méthodes des uns et des autres, il n'y a pas beaucoup de différence ; en acquiesçant patiemment aux modèles prescrits d'architecture, de mobilier, de littérature ou de toute autre chose ; il n'y a pas beaucoup de différence ; mais dans la décoration personnelle, il y a une différence des plus frappantes. Les femmes subissent aujourd'hui plus de laideur grotesque et d'absurdité que les hommes ; et il y a de nombreuses bonnes raisons à cela. Limitant notre brève étude de la mode à la mode vestimentaire, observons pourquoi les femmes portent ces beaux vêtements ; et pourquoi ils les changent comme ils le font.

Premièrement, et très clairement, la femelle humaine porte le poids de la décoration sexuelle, uniquement en raison de sa dépendance économique à l'égard du mâle. Elle seule dans la nature ajoute aux fardeaux de la maternité, pour lesquels elle était destinée, ce fardeau contre nature de l'ornement, pour lequel elle n'était pas destinée. Toutes les autres femelles dans le monde sont suffisamment attirantes pour le mâle sans parures. Il transporte les parures, n'épargnant aucune dépense pour étendre les bois ou les panaches traînants ; aucune monstruosité de crête et de caroncules pour gagner sa faveur.

Elle ne s'intéresse à lui que temporairement. Le reste du temps, elle gagne sa vie et s'occupe de ses propres petits. Mais nos femmes reçoivent leur pain de leurs maris et tout autre besoin social. La femme dépend de l'homme pour sa position dans la vie ainsi que pour les nécessités de l'existence. Pour elle et pour ses enfants, elle doit gagner et retenir celui qui est la source de tous les approvisionnements. Elle est donc obligée d'ajouter à ses attraits naturels cette « danse des sept voiles », des dix-sept robes, des soixante-dix-sept chapeaux du délire gai.

Nombreux sont ceux qui pensent en une seule syllabe et disent : « les femmes ne s'habillent pas pour plaire aux hommes, elles s'habillent pour se plaire à elles-mêmes et pour éclipser les autres femmes ». À ceux-ci, je suggérerais une visite dans une station balnéaire d'été pendant la semaine et le samedi soir. Les femmes ont toute la semaine pour se faire plaisir et se surpasser ; mais leur déploiement samedi semble indiquer l'approche d'une nouvelle force ou attraction.

Si tout cela ne vous satisfait pas , j'attire alors leur attention sur le fait bien connu que la jeune demoiselle avant le mariage consacre beaucoup plus de temps et d'ingéniosité à la décoration qu'elle ne le fait par la suite. Cela a été longtemps observé et déprécié par ceux qui écrivent des Conseils aux épouses, sous prétexte que cette différence déplaît au mari, qu'elle perd son influence sur lui ; ce qui est vrai. Mais puisque sa propre « société », connaissant sa faiblesse, l'a lié à elle par la loi ; pourquoi devrait-elle continuer ce qui est après tout un effort contre nature ?

Cet excellent magazine "Good Housekeeping" publie depuis quelques mois une histoire rimée et illustrée de "Miss Melissa Clarissa McRae", une sténographe extrêmement délicate et bien habillée, qui a capturé et épousé de force un jeune homme exigeant, son employeur. de ses attirances artificielles - puis a perdu son amour après le mariage à cause d'une négligence soudaine et inexplicable - la même vieille histoire.

Si cela ne suffit pas, permettez-moi d'évoquer davantage l'attitude envers la « mode » de cette classe de femmes qui vivent le plus ouvertement et directement de la faveur des hommes. Ceux-là connaissent leur métier. Pour attirer continuellement l'imagination vagabonde du mâle, « variante » née de la nature, ils doivent non seulement accumuler des charmes artificiels, mais aussi les changer constamment. Ils font. Des dirigeants de cette profession vient un flux constant de modes changeantes ; plus c'est extrême et bizarre, plus ils réussissent – et parce qu'ils réussissent , ils sont imités.

Si les hommes n'aimaient pas les changements de mode, soyez assurés que ces professionnels qui plaisent aux hommes ne les changeraient pas, mais comme la variante de la nature se lasse de tout visage au profit d'un nouveau, la dame qui voudrait garder son emprise et ne peut pas changer de visage (sauf dans couleur) doit changer de chapeau et de robe.

Mais l'Arbitre, la Cause dirigeante, celui qui non seulement par choix exige, mais en tant qu'entreprise fabrique et fournit ce flux étonnant de modes ; encore une fois, comme Adam blâme la femme pour avoir accepté ce qu'il demande et ce qu'il fournit.

Une autre preuve, s'il en fallait davantage, est présentée ici ; que dans la mesure exacte où les femmes deviennent indépendantes, instruites, sages et libres, elles deviennent moins soumises aux modes créées par les hommes. Cette amélioration a-t-elle été saluée avec sympathie et admiration – couronnée de faveur masculine ?

L'attitude des hommes à l'égard des femmes qui ont jusqu'à présent prétendu « ne plus avoir de sexe » est connue de tous. Ils aiment que les femmes soient stupides, changeantes, toujours plus attirantes ; et même si les femmes doivent « attirer » pour gagner leur vie, pourquoi le font-elles, c'est tout.

C'est dommage. Il est humiliant pour toute femme clairvoyante de devoir reconnaître cette preuve flagrante de la position dépendante et dégradée de son sexe ; et cela devrait être humiliant pour les hommes de voir les résultats de leur maîtrise. Ces petites créatures follement décorées ne représentent pas la féminité.

Quand l'artiste utilise la femme comme le type de tout idéal le plus élevé ; comme Justice, Liberté, Charité, Vérité, il ne la représente pas parée. Partout dans le monde où les femmes sont, même en partie, économiquement indépendantes, on trouve moins d'absurdités de la mode. Les femmes qui travaillent ne peuvent pas être totalement absurdes.

Mais la femme oisive, la reine de la société, qui doit plaire aux hommes dans les limites prescrites ; et ceux du demi-monde, qui doivent leur plaire à tout prix, ce sont les véhicules de la mode.

X. LOI ET GOUVERNEMENT.

Il est facile de supposer que les hommes sont naturellement les législateurs et les responsables de l'application de la loi, étant donné le simple fait historique qu'ils le sont depuis le début du patriarcat.

Le droit repose sur la coutume et la tradition. L'activité corrélative de tout groupe organisé est derrière le gouvernement. Ce que les groupes d'insectes et d'animaux évoluent inconsciemment et accomplissent par leurs instincts sociaux, nous évoluons consciemment et accomplissons par des systèmes arbitraires appelés lois et gouvernements. Dans ce domaine, comme dans tous les autres domaines de notre action, nous devons faire la distinction entre le caractère humain de la fonction en voie de développement et l'influence de l'homme ou de la femme sur elle. Indépendamment de ce qu'ils peuvent aimer ou détester en tant que sexes, de leurs goûts et de leurs facultés différents, se trouve le champ beaucoup plus vaste du progrès humain, auquel ils participent également.

Sur ce plan, l'évolution du droit et du gouvernement se déroule à peu près comme suit : — Le premier groupe centré sur la femme, organisé selon des lignes maternelles d'amour et de service communs. Les premières combinaisons d'hommes étaient d'abord une prédation groupée : la chasse organisée ; puis une belligérance groupée, une guerre organisée.

Par un développement spécial, certains esprits sont capables de percevoir la nécessité de certaines lignes de conduite par rapport à d'autres et de le faire comprendre à leurs semblables ; par lequel, progressivement, notre nature sociale supérieure établit des règles et des précédents auxquels nous acceptons personnellement de nous soumettre. Le processus de développement social est un processus de coordination progressive.

De l'action individuelle indépendante pour des fins individuelles à l'action sociale interdépendante pour des fins sociales, nous progressons lentement ; le « diable » dans la pièce étant le vieil Ego, qui doit être harmonisé avec le nouvel esprit social. Ce processus social, comme tous les autres, ayant été entre les mains des hommes, nous pouvons y retrouver les mêmes marques de spécialisation unilatérale si visibles dans nos études précédentes.

L' attitude coersive est essentiellement masculine. Dans la lutte incessante et séculaire du combat sexuel , il a développé le désir de vaincre, toujours stimulé par la résistance ; et au cours de cette période historique ultérieure de sa suprématie, il développa davantage l'habitude de domination et de maîtrise. Nous pouvons citer par exemple le contraste entre la conduite d'un homme lorsqu'il est « amoureux » et lorsqu'il fait la cour ; à cette époque, il tombe dans la position naturelle de son sexe par rapport à l'autre, à savoir celle d'un prétendant ; et son comportement lorsque, par le mariage, ils entrent dans la relation artificielle du maître mâle et de la servile femelle. Son « instinct de domination » ne s'affirme pas au cours de la période antérieure, qui fut un million de fois plus longue que la seconde ; elle n'apparaît que dans la relation la plus moderne et la plus arbitraire.

Chez d'autres animaux, l'union monogame ne s'accompagne pas de caractéristiques aussi discordantes et contre nature. Aussi récente que soit cette habitude lorsqu'on la considère biologiquement, elle est aussi vieille que la civilisation si l'on la considère historiquement : assez ancienne pour constituer une force sérieuse. Sous sa pression, nous voyons les systèmes juridiques et les formes de gouvernement évoluer lentement, la croissance humaine générale étant toujours fortement pervertie par l'influence masculine particulière. Nous trouvons d'abord la simple force de la coutume qui nous gouverne, les *mœurs* des peuples anciens. Vient ensuite l'apparition progressive de l'autorité, depuis la direction purement naturelle du meilleur chasseur ou combattant jusqu'à la maîtrise contre nature du patriarche, possédant et gouvernant ses femmes, ses enfants, ses esclaves et son bétail, et établissant les règles et règlements qui lui plaisaient.

Nos lois telles que nous les soutenons actuellement sont des systèmes lents, inutiles et fastidieux, qui nécessitent une caste spéciale pour être interprétée et une autre pour être appliquée ; dans lequel le citoyen moyen ne connaît rien à la loi et ne se soucie que de s'y soustraire quand il le peut, d'y obéir quand il le doit. Dans la maison, ce rudiment rabougri et estropié du matriarcat, où seul nous pouvons trouver ce qui reste de l'influence naturelle de la femme, les lois et le gouvernement, dans la mesure où elle en est responsable, sont assez simples et ont un rapport visible. au bien commun, relation qui est clairement et constamment enseignée.

Dans l'ensemble des villes et des États, la partie éducative du droit est gravement négligée. Il ne fait aucune place à l'ignorance. Si un homme enfreint une loi dont il n'a jamais entendu parler, il n'est donc pas excusé ; la pénalité continue quand même. Imaginez une mère édictant des règles et des règlements solennels pour sa famille, sans rien dire à ses enfants, puis les punissant lorsqu'ils désobéissaient aux lois inconnues !

Le recours à la force est naturel chez l'homme ; tandis qu'en tant qu'être humain, il doit légiférer dans une certaine mesure dans l'intérêt de la communauté, en tant qu'être masculin, il ne voit aucune nécessité d'autre application que la sanction. S'opposer violemment, se battre, piétiner la terre, triompher dans de grands mugissements de joie sauvage , tels sont les instincts primitifs des hommes ; et l'instinct social parfaitement naturel qui conduit à la persuasion pacifique, à l'éducation, à une harmonie facile dans l'action, est classé avec mépris comme « féminin » ou comme «

philanthropique », ce qui est presque aussi mauvais. "Les hommes ont besoin de mesures plus fortes", disent-ils fièrement. Oui, mais les quatre cinquièmes de la population mondiale sont des femmes et des enfants !

En effet, la femme, la mère, est la première coordinatrice , législatrice, administratrice et exécutive. De la garde et de l'encadrement de ses petits et chatons jusqu'à la gestion plus longue et plus large de la jeunesse humaine, elle est la première à prendre en compte les intérêts du groupe et à les relier.

En tant que père, l'homme grandit pour partager ces fonctions féminines originelles, et chez nous, la paternité étant devenue socialisée alors que la maternité ne l'est pas, il fait de son mieux, seul, pour accomplir le travail maternel du monde à sa manière paternelle.

Lorsqu'on étudie une coutume humaine établie de longue date , il est très difficile de la percevoir clairement et sans passion. Nos esprits sont lourdement chargés de précédents, de coutumes raciales, de poids de fer appelé autorité. Ces forces lourdes atteignent leur expression la plus parfaite dans le domaine absolument masculin de la guerre. L'autorité absolue; l'obéissance sans cervelle et sans voix ; la pénalité implacable. Nous avons ici la coercition masculine à son paroxysme ; la loi et le gouvernement sont totalement arbitraires. Le résultat est, comme on pouvait s'y attendre, une belle machine de destruction. Mais la destruction n'est pas un processus humain – simplement un processus masculin visant à éliminer les inaptes.

Le processus féminin consiste à sélectionner la personne qui lui convient ; son élimination est négative et indolore.

Le processus humain visant à *développer la forme physique est plus important que l'un ou l'autre.*

Les hommes sont actuellement bien plus humains que les femmes. Seuls sur leurs trônes qu'ils se sont emparés d'eux-mêmes, ils ont porté de leur mieux les fardeaux de l'État ; et l'histoire du droit et du gouvernement montre qu'ils évoluent lentement mais irrésistiblement dans le sens d'une amélioration sociale.

Les anciens rois étaient l'apothéose joyeuse de la masculinité. Le pouvoir et la fierté étaient à eux ; Affichage illimité ; Indulgence sans limites ; Autorité irrésistible . Les esclaves et les courtisans s'inclinaient devant eux, les sujets leur obéissaient, les captives remplissaient leurs harems. Mais le jour de la monarchie masculine passe et le jour de la démocratie humaine approche. Dans une démocratie, la loi et le gouvernement changent tous deux. Les lois ne sont plus imposées au peuple par quelqu'un au-dessus de lui, mais sont élaborées par le peuple lui-même. Comme il est absurde que le peuple ne soit pas instruit des lois qu'il fait ; que les restes d'une soumission aveugle devraient encore obscurcir leur esprit et les faire s'incliner patiemment sous la pression absurde d'une tradition dépassée !

Le gouvernement démocratique n'est plus l'exercice d'une autorité arbitraire émanant d'en haut, mais est une organisation au service du peuple lui-même – ou le sera lorsqu'il sera réellement atteint.

Dans ce changement, le gouvernement cesse d'être une contrainte et devient un accord ; la loi cesse d'être autorité et devient coordination. Lorsque nous apprenons les règles du whist ou des échecs , nous n'y obéissons pas parce que nous craignons d'être punis si nous ne le faisons pas, mais parce que nous voulons jouer. Les règles de conduite humaine sont destinées à notre propre bonheur et à notre service – n'importe quel enfant peut le constater. Chaque enfant le constatera lorsque les lois seront simplifiées, fondées sur la sociologie et enseignées dans les écoles. Un enfant de dix ans doit être considéré comme totalement inculte s'il est incapable de réécrire les principales caractéristiques des lois de son pays, de son état et de sa ville ; et ces lois devraient être si simples dans leurs principes qu'un enfant de dix ans puisse les comprendre.

Enseignant : « Qu'est-ce qu'un impôt ?

Enfant : "Un impôt est l'argent que nous acceptons de payer pour maintenir nos avantages communs."

Enseignant : « Pourquoi payons-nous tous des impôts ?

Enfant : "Parce que le pays nous appartient à tous et que nous devons tous payer notre part pour le maintenir."

Enseignant : « Dans quelle proportion payons-nous des impôts ?

Enfant : « Proportionnellement à combien d'argent nous avons. » (*Sotto voce* : "Bien sûr !")

Enseignant : « Qu'est-ce que l'évasion fiscale ?

Enfant : "C'est une trahison." (*Sotto voce* : "Et un sale tour méchant.")

Dans l'administration masculine des lois, nous pouvons suivre l'amour instinctif de la bataille jusqu'à la coutume du « procès par combat » - récemment dépassée, jusqu'à notre méthode actuelle, où chaque partie en conflit engage un champion pour le représenter, et ceux-ci se battent. dans une guerre verbeuse, avec des ruses et des dispositifs d'une ingéniosité complexe, appréciant ce genre de lutte comme ils aiment toutes les autres sortes.

C'est le vieil esprit masculin du gouvernement comme autorité qui est si lent à s'adapter à l'idée démocratique du gouvernement comme service. Ils comprennent que ce devrait être un gouvernement représentatif, mais représentatif de quoi ? de la volonté commune, disent-ils ; la volonté de la majorité ; — sans jamais penser que c'est le bien commun, le bien-être commun, que le gouvernement devrait représenter.

C'est la masculinité inextricable de notre idée du gouvernement qui est si révoltante face à l'idée des femmes comme électrices. « Gouverner » : cela signifie diriger, contrôler, avoir de l'autorité ; et cela seulement, pour la plupart des esprits. Ils ne peuvent pas supporter de penser que la femme contrôle même leurs propres affaires ; contrôler est masculin, supposent-ils. Ne considérant que l'intérêt personnel comme une impulsion naturelle, et les pouvoirs en place de l'État comme une sorte d'arbitre, une autorité chargée de préserver les règles du jeu pendant que les hommes se battent pour toujours ; ils voient dans une démocratie simplement un éventail plus large d' intérêts personnels et un champ de bataille plus large et plus libre.

La loi dicte les règles, le gouvernement les applique, mais jusqu'à présent, l'essentiel de la vie a été considéré comme une longue lutte acharnée ; chacun cherchant pour lui-même. Légiférer délibérément au service de tout le peuple, utiliser le gouvernement comme moteur principal de ce service, est un processus nouveau, entièrement humain, et difficile à développer dans une culture androcentrique.

En outre, ils ont lancé ces protestations naïvement androcentriques : les femmes ne peuvent pas se battre, et si les hommes s'opposent à leurs lois, elles ne pourraient pas les faire respecter, *donc* elles ne devraient pas voter !

Ce qu'ils ne disent pas clairement, mais qu'ils pensent très fermement, c'est que les femmes ne devraient pas partager le butin qui, à leur avis, représente une si grande partie de la politique.

Nous pouvons ici retracer clairement l'hérédité sociale du gouvernement masculin.

Fixez clairement dans votre esprit le premier chef de l'homme – le chef de la meute pour ainsi dire – le chasseur en chef. Puis le deuxième vaisseau-chef, le Chief Fighter. Puis le troisième chef de famille, le chef de famille. Puis la longue lignée de chefs et de capitaines, de seigneurs de guerre et de propriétaires fonciers, de dirigeants et de rois.

Le chasseur chassait une proie et l'obtenait. Le Combattant s'enrichit du butin des vaincus. Le patriarche vivait du travail des femmes et des esclaves. À travers les âges, depuis la piraterie et le vol purs et simples jusqu'au tribut mesuré, aux rançons et aux indemnités, nous voyons le même instinct naturel du chasseur et du combattant. Entre ses mains, le gouvernement est une chose à saper et à détruire, pour vivre. C'est son impulsion essentielle de vouloir vraiment quelque chose ; lutter et se battre pour cela ; prendre tout ce qu'il peut obtenir.

Opposez-y l'amour généreux qui accompagne la maternité ; le service sans fin que procure la maternité ; l'administration paisible dans l'intérêt de la famille issue de la maternité. Nous considérons en grande partie la famille comme l'unité de l'État. Si tel est le cas, pourquoi ne pas gérer l'État sur cette base ? Le gouvernement des femmes, dans la mesure où il est influencé par leur sexe, serait influencé par la maternité ; et cela signifierait soins, éducation, provision, éducation. Il faut descendre très bas dans l'échelle pour tout exemple de maternité organisée, mais nous le trouvons chez les hyménoptères ; dans l'industrie débordante, la prospérité, la paix et le service aimant de la fourmilière et de la ruche. Ce sont les types de vie les plus socialisés, après le nôtre, et ce sont des types de vie féminins.

En tant qu'êtres humains, nous avons une forme d'association bien plus élevée, avec des enjeux qui vont au-delà de la simple richesse et de la propagation de l'espèce. Dans ce processus humain, nous ne devons jamais oublier que les hommes sont actuellement bien plus avancés que les femmes. C'est grâce à leur humanité qu'est née toute la noble croissance de la civilisation, malgré leur masculinité.

Comme les êtres humains, hommes et femmes, sont également utiles et honorables, et devraient, dans notre gouvernement, être également utilisés et honorés ; mais en tant que créatures sexuelles, la femme est plus apte que l'homme à administrer des intérêts sociaux constructifs. Le changement dans les processus gouvernementaux qui marque notre époque est un changement de principe. Deux grands mouvements bouleversent le monde aujourd'hui : le mouvement des femmes et le mouvement ouvrier. Chacun considère l'autre comme ayant moins d'importance que lui-même. Les deux font partie du même processus mondial.

Nous entrons dans une période de conscience sociale. Alors que jusqu'à présent, presque tous d'entre nous ont considéré la vie uniquement en tant qu'individus et ont considéré la force et la richesse croissantes du corps social comme un simple moyen de s'engraisser ; maintenant nous commençons à nous intéresser intelligemment à notre nature sociale, à la comprendre un peu et à ressentir l'immense augmentation de bonheur et de pouvoir qui vient de la vraie vie humaine.

Dans ce changement de système, un gouvernement qui ne consistait qu'en interdictions et en commandements ; de collecter des impôts et de faire la guerre ; est en train de céder rapidement la place à un système qui gère intelligemment nos intérêts communs, qui constitue une méthode de service universel croissante et améliorée. Ici, le socialiste a parfaitement raison dans sa vision du bien-être économique qui doit être assuré par la socialisation de

l'industrie, bien que cela ne soit qu'une partie du nouveau développement ;
et l'individualiste qui s'oppose au socialisme, criant haut et fort aux avantages
de la « libre concurrence », ne fait qu'exprimer l'esprit du mâle prédateur.

Il en va de même pour les opposants au suffrage des femmes. Qu'ils soient
hommes ou femmes, ils représentent le point de vue masculin. Ils voient la
femme uniquement comme une femme, totalement absorbée par les
fonctions féminines, rabaissée et ignorée comme l'a fait sa longue tutelle ; et
ils voient l'homme tel qu'il se voit lui-même, le seul maître des affaires
humaines aussi longtemps que nous en ayons des archives historiques.

Heureusement, cela ne dure pas longtemps. Nous pouvons désormais
revenir sur la période de sa suprématie et commencer à voir au-delà. Nous
sommes déjà bien avancés dans un stade supérieur de développement social,
conscient, bien organisé, sagement géré, dans lequel les lois seront simples et
fondées sur des principes constructifs au lieu d'être un ensemble de
réglementations en anneau au sein desquelles les gens peuvent lutter comme
ils le souhaitent. elles vont; et dans lequel le gouvernement sera reconnu dans
son plein usage ; non seulement le père sévèrement dominant et la mère
sagement serviable , mais la véritable union de tous les gens pour gérer leurs
affaires de manière sensée et économique.

XI. CRIME ET CHÂTIMENT.

Le concept humain du péché a sans aucun doute eu son utilité ; et notre invention spéciale d'une chose appelée Punition a également servi un but.

L'évolution sociale a fonctionné de bien des manières, de manière inutile et avec des souffrances inutiles, mais elle se compare très favorablement à l'évolution naturelle.

À mesure que nous devenons plus sages ; à mesure que notre conscience sociale se développe, nous commençons à améliorer la nature de plusieurs manières ; une partie du même grand processus, mais d'une sorte plus hautement sublimée.

La nature montre un monde d'environnements variés et changeants. C'est là que vient la Vie, qui jaillit et se répand dans toutes les directions. La vie traverse une période assez difficile. En premier lieu, c'est un chien qui mange un chien dans tous les sens ; la joie du chasseur et la peur la plus triste du chassé.

Mais bien en dehors de ce danger essentiel, l'environnement attend, sinistre et inapaisable, et détruit continuellement les myriades d'innocents qui ne parviennent pas à satisfaire à l'unique exigence de la vie : l'adaptation. Nous ne devons donc pas nous condamner trop sévèrement lorsque nous voyons à quel point notre attitude à l'égard du crime et du châtiment est insensée, cruelle et follement inutile.

Nous devenons socialement conscients en grande partie grâce à la douleur, et lorsque nous commençons à voir à quel point la douleur est entièrement de notre faute, nous sommes submergés de honte. Mais la bonne façon pour la société d'affronter son passé est la même que pour l'individu ; pour voir où cela n'allait pas et y mettre un terme, mais pour ne pas perdre de temps ni d'émotion à cause des méfaits passés.

Quelle est notre situation actuelle en matière de criminalité ? C'est plutôt mauvais. Certains disent que c'est pire qu'avant ; d'autres que c'est mieux. En tout cas, c'est déjà assez grave et c'est une honte pour notre civilisation. Nous avons des meurtriers par milliers et des voleurs par millions, de toutes sortes et de toutes tailles ; nous avons ce que nous appelons tendrement « l'immoralité », depuis les « erreurs de la jeunesse » jusqu'à la grossièreté détrempée de la vieillesse ; mariés, célibataires et mixtes. Nous avons toutes les anciennes sortes de méchanceté et beaucoup de nouvelles, jusqu'à ce qu'on s'émerveille de la pureté et de la puissance de la nature humaine, qu'elle soit porteuse de tant de maladies et continue de croître vers des choses supérieures.

Et nous avons encore le châtiment avec nous ; privé et public; appliqué comme une patte de lapin, sans se soucier de son efficacité. Un enfant offense-t-il ? Punissez-le ! Une femme offense-t-elle ? Punissez-la ! Un homme offense-t-il ? Punis-le! Un groupe offense-t-il ? Punissez-les !

"Pourquoi?" » demande soudain quelqu'un .

"Pour qu'ils arrêtent de faire ça !"

"Mais ils l'ont fait !"

"Pour qu'ils ne recommencent pas, alors."

"Mais ils recommencent – et pire encore."

"Pour empêcher les autres de le faire, alors."

"Mais cela ne les empêche pas : le crime continue. A quoi sert votre punition ?"

Quoi en effet !

Quelle est l'application de la punition au crime ? Sa base, sa base préhistorique, est de simples représailles ; et ce n'est en aucun cas entièrement masculin, admettons-le librement. L'instinct de résistance, d'opposition, de représailles est plus profond que la vie elle-même. Sa loi sous-jacente est la loi de la physique : l'action et la réaction sont égales. L'expression de cette loi par la vie est parfaitement naturelle, mais pas toujours rentable. Frappez votre main sur un mur de pierre et le mur de pierre vous frappe la main. Très bien; vous apprenez que les murs de pierre sont durs et vous vous gouvernez en conséquence.

La jeune humanité consciente observait et philosophe, se félicitant de son discernement. "Un homme me frappe – je le frappe un peu plus fort – et il ne recommencera plus." Malheureusement , il a recommencé – un peu plus fort encore. L'effort pour frapper plus fort a continué l'action et la réaction jusqu'à ce que la société, frappant le plus fort de toutes, ait mis en place un système de punition légale, d'une sévérité illimitée. Il a emprisonné, mutilé, torturé, tué ; il a détruit des familles entières et rasé des villes scandaleuses.

Donc, bien sûr, tous les crimes ont cessé ? Non? Mais la criminalité a sûrement été atténuée ! Peut-être. Nous l'avons enfin prouvé ; ce crime ne diminue pas proportionnellement à la peine la plus sévère. Peu à peu, nous avons cessé de raser les villes, d'exterminer les familles, de couper les oreilles, de torturer ; et notre emprisonnement passe de la mort lente et de la folie à une forme de tentative d'amélioration.

Mais la punition en tant que principe reste en vigueur et reste le principal recours là où elle fait le plus de mal : dans l'éducation des enfants. « Epargnez le bâton et gâtez l'enfant » reste une croyance, inchangée par les millions d'enfants gâtés par le bâton non épargné .

Les éleveurs de chevaux de course ont mieux appris, mais pas les éleveurs d'enfants. Notre problème est simplement le manque d'intelligence. Nous affrontons l'erreur infantile et le crime hideux exactement dans la même attitude.

"Cette personne a fait quelque chose d'offensant."

Oui ? — et on attend avec impatience la première question de l'esprit rationnel — mais on ne l'entend pas. On entend seulement « Punissez-le ! »

Quelle est la première question de l'esprit rationnel ?

"Pourquoi?"

Les êtres humains ne sont pas les causes premières. Ils ne font pas évoluer leur comportement à partir de rien. L'enfant fait ceci, l'homme fait cela, *à cause* de quelque chose ; à cause de beaucoup de choses. Si nous n'aimons pas la façon dont les gens se comportent et souhaitons qu'ils se comportent mieux, nous devrions, si nous sommes des êtres rationnels, étudier les conditions qui produisent ce comportement.

Le lien entre notre système archaïque de punition et notre culture androcentrique est double. L'impulsion de résistance, bien que, comme nous l'avons vu, soit d'origine naturelle la plus profonde, s'exprime plus fortement chez l'homme que chez la femme. La tendance à riposter et à frapper plus fort a été favorisée chez lui par le combat sexuel jusqu'à devenir d'une grande intensité. L'habitude de l'autorité aussi, vieille comme notre histoire ; et le poids cumulé de toutes les religions et systèmes de droit et de gouvernement, ont en outre construit et intensifié l'esprit de représailles et de vengeance.

Ils ont même déifié ce concept, dans les religions anciennes, attribuant à Dieu les mauvaises passions des hommes. Comme le petit garçon le récitait : "Vengeance. Un désir mesquin de se venger de vos ennemis: 'La vengeance est à moi, dit le Seigneur' - 'Je rembourserai.'"

La religion chrétienne enseigne de meilleures choses ; mieux que ses exposants et ses défenseurs ne l'ont jamais compris – et beaucoup moins pratiqué .

L'enseignement selon lequel « Aimez vos ennemis, faites du bien à ceux qui vous haïssent et servez ceux qui vous maltraitent et vous persécutent » a trop souvent abouti, lorsqu'il est pratiqué, à une négation sentimentale ; une attitude de non-résistance pathétiquement inutile. Autant baser une religion sur un oreiller en plumes !

Les conseils donnés étaient actifs ; direct; béton. " *Amour !* " L'amour n'est pas une non-résistance. "Faire du bien!" Faire le bien n'est pas une non-résistance. "Servir!" Le service n'est pas une non-résistance.

Une fois de plus , nous avons une preuve accablante des effets profonds de notre culture androcentrique. Considérez-le encore une fois. En voilà un par nature combatif et désireux, et non par nature destiné à monopoliser la gestion de son espèce. Il suppose qu'il n'est pas seulement le leader, mais l'ensemble, qu'il est l'humanité elle-même et qu'il voit dans la femme, comme l'a si clairement dit Grant Allen : « Non seulement elle n'est pas la race ; elle n'est même pas la moitié de la race, mais une sous-espèce. présenté à des fins de reproduction uniquement.

Sous cette hypothèse monstrueuse, ses attributs sexuels entièrement identifiés à ses attributs humains, et les éclipsant, il a imprimé dans chaque institution humaine les goûts et les tendances du mâle. En tant qu'homme, il combattait, en tant qu'être humain mâle, il combattait davantage et déifiait le combat ; et dans une culture basée sur le désir et le combat, forte d'une expression de soi stridente, il ne pourrait y avoir qu'une lente acceptation des méthodes plus humaines préconisées par le christianisme. "C'est une religion pour les esclaves et les femmes !" » dit le guerrier d'autrefois. (Les esclaves et les femmes étaient en grande partie la même chose.) "C'est une religion pour les esclaves et les femmes", dit l'avocat du Surhomme.

Bien? Qui a fait le travail de tout le monde antique ? Qui a élevé la nourriture, l'a récoltée, l'a cuite et l'a servie ? Qui a construit les maisons, les temples, les aqueducs, les remparts de la ville ? Qui a fabriqué les meubles, les outils, les armes, les ustensiles, les ornements, les a rendus forts, beaux et utiles ? Qui a permis à la race humaine de continuer, d'une manière ou d'une autre, malgré le gaspillage hideux et constant de la guerre, et a lentement construit la véritable civilisation industrielle derrière ce spectacle sanglant ? – Pourquoi seulement les esclaves et les femmes.

Une religion qui avait des attraits pour le type humain réel ne doit donc pas être totalement méprisée par le mâle.

Dans l'histoire moderne, nous pouvons observer avec de plus en plus de facilité les progrès lents et sûrs de notre humanité grandissante sous l'affaiblissement de la carapace d'une domination entièrement masculine. Et dans ce domaine de ce qui commence chez l'infirmière comme « discipline » et se termine sur l'échafaud comme « punition », nous pouvons clairement voir ce changement béni.

Quel est l'attribut naturel, humain ? Que signifient ces « Amour », « Faire le bien » et « Servir » ? Dans la vieille église maladroite, encore androcentrique, il y avait un grand travail à faire pour mettre en œuvre cette doctrine, dans un symbolisme élaboré. Un groupe de mendiants et d'infirmes, rassemblés pour la circonstance, fut exposé, et les rois et les cardinaux firent solennellement le geste de les servir. Comme le disait l'écolier anglais, "Thomas Becket a lavé les pieds des léopards".

Le service, l'amour et le bien doivent toujours rester des problèmes secondaires dans un monde masculin. Le service, l'amour et le bien sont l'esprit de la maternité et l'essence de la vie humaine.

La vie humaine est un service et non un combat. Voilà la nature du changement qui s'annonce maintenant.

Qu'a pensé l'esprit masculin du christianisme ?

Désir : sauver sa propre âme. Combattez — avec le Diable. L'expression de soi – l'effusion magnifique de spectacles et d'expositions, depuis les bijoux du pectoral du grand prêtre jusqu'au chœur d'hommes mutilés pour louer une divinité masculine qu'aucune femme ne peut ainsi servir.

Quel genre d'esprit peut imaginer une sorte de dieu qui préférerait un eunuque à une femme ?

Pour la femme, elles firent enfin un lieu — le lieu habituel — de renoncement, de sacrifice et de service, les Sœurs de la Miséricorde et leurs semblables ; et dans ce service aimant, l'âme de la femme a été contente, sans aspirer à la cape de cardinal ou à la mitre d'évêque .

Tout cela est en train de changer – et cela évolue rapidement. Partout, les églises s'étendent vers davantage de service, et le service s'étend au-delà d'un petit groupe de veuves et d'orphelins, de malades et de prisonniers, pour embrasser son véritable champ : toute la vie humaine. Dans cette nouvelle attitude, comment allons-nous affronter les problèmes de la criminalité ?

Ainsi : « Il apparaît douloureusement qu'un certain pourcentage de notre peuple ne fonctionne pas correctement. Ils commettent des actes antisociaux. Pourquoi ? Quel est leur problème ?

Alors le cœur et l'esprit de la société s'appliquent à la question, et certains résultats sont bientôt atteints ; d'autres y ont lentement travaillé.

Premier résultat. Certaines personnes sont si malades moralement qu'elles doivent être hospitalisées. La dernière prison du monde sera simplement un hôpital pour incurables moraux. Ils ne doivent en aucun cas reproduire leur espèce, ce qui peut être fait immédiatement. Certains sont moralement malades, mais ils peuvent être guéris, et les meilleurs pouvoirs de la société seront utilisés pour les guérir. Certains ne sont moralement malades qu'à cause des conditions dans lesquelles ils sont nés et ont grandi, et c'est là que la société peut sauver des millions de personnes d'un coup.

Une société intelligente ne négligera pas plus ses enfants qu'une mère intelligente ne négligera ses enfants ; et verra aussi clairement que les petits mal nourris, mal habillés, mal éduqués et vilainement associés doivent grandir gravement blessés.

En fait , nous faisons notre récolte de criminels, tout comme nous faisons nos idiots, aveugles, estropiés et généralement défectueux. Tout le monde est avant tout un bébé, et un bébé n'est pas un criminel, à moins que nous ne le fassions ainsi. Cela ne le serait jamais , dans de bonnes conditions. Parfois un pervers naît, comme parfois un veau à deux têtes, mais ce n'est pas courant.

Nous pouvons prévenir les formes de crime les plus anciennes et les plus simples en dépistant et en dépêchant , mais qu'en est-il des nouveaux ? - des crimes grands, terribles, de grande portée et largement répandus, pour lesquels nous n'avons pas encore de noms ; et devant quoi notre ancien système de châtiments anti-personnels tombe impuissant ? Qu'en est-il des crimes consistant à empoisonner une communauté avec de la mauvaise nourriture ? de souiller l'eau; de noircir l'air; de voler des forêts entières ? Qu'en est-il des crimes des petits enfants qui travaillent ? de construire et de louer des immeubles qui produisent également du crime et des maladies physiques ? Qu'en est-il du crime de vivre du salaire de femmes déchues, d'embaucher des hommes pour ruiner des jeunes filles innocentes ? de les maintenir en esclavage et de les vendre dans un but lucratif ? (Ces choses ne sont que des « délits » dans un monde créé par l'homme !)

Et qu'en est-il d'un crime comme celui-ci ? utiliser la presse publique pour mentir au public à des fins privées ? Pas encore de nom pour ce crime ; encore moins une pénalité.

Et ceci : apporter pire que la lèpre à une épouse innocente et pure qui vous aime et vous fait confiance ?

Ou ceci : planter sciemment du poison chez un enfant à naître ?

Pas de noms pour ceux-là ; pas de « pénalités » ; aucune pénalité envisageable qui pourrait les toucher.

L'ensemble du système de punition s'effondre devant l'immense masse du mal à laquelle nous sommes confrontés. Si nous voyions un cortège d'avions survoler une ville et larguer des bombes, devrions-nous nous précipiter follement après chacun en criant : « Attrapez-le ! Punissez-le ! ou devrions-nous essayer d'arrêter le cortège ?

Le temps vient où le mot même de « crime » sera abandonné, sauf dans les poèmes et les discours ; et la « punition », la parole et l'action, soient effacées. Nous commençons à en apprendre un peu plus sur la nature de l'humanité, sa bonté, sa beauté, son amour ; et voir que même sa stupidité n'est due qu'à nos vieilles méthodes d'éducation insensées.

Ce n'est pas d'un nouveau pouvoir, d'une nouvelle lumière, d'un nouvel espoir dont nous avons besoin, mais *de comprendre ce qui nous afflige*.

Nous en savons assez maintenant, nous nous en soucions suffisamment maintenant, nous sommes assez forts maintenant pour rendre le monde entier mille fois meilleur en une génération ; mais nous sommes enchaînés, enchaînés, aveuglés par de vieilles notions fausses. Les idées du passé, les sentiments du passé, l'attitude et les préjugés du passé nous gênent ; et parmi eux, aucun n'est plus universellement malfaisant que ce grand corps d'idées et de sentiments, de préjugés et d'habitudes, qui constituent le réseau offensif de la culture androcentrique.

XII. POLITIQUE ET GUERRE.

Je vais dans mon ancien dictionnaire et trouve : "Politique, I. La science du gouvernement; cette partie de l'éthique qui a à voir avec la réglementation et le gouvernement d'une nation ou d'un État, la préservation de sa sécurité, de sa paix et de sa prospérité; la défense de son existence et de ses droits contre le contrôle ou le contrôle étranger . conquête; l'augmentation de sa force et de ses ressources, et la protection de ses citoyens dans leurs droits; avec la préservation et l'amélioration de leurs mœurs. 2. La gestion des partis politiques; l'avancement des candidats aux fonctions; dans le mauvais sens, astucieux ou une gestion malhonnête pour assurer le succès de mesures politiques ou de projets de partis, une supercherie politique.

De l'expérience actuelle, nous pourrions ajouter : 3. La politique, pratique ; L'art d'organiser et de manipuler les hommes en grand nombre, de manipuler les votes et surtout de s'approprier les richesses publiques.

Nous pouvons facilement voir que la « science du gouvernement » peut être divisée en sciences « pures » et « appliquées » comme les autres sciences, mais le fait qu'elle soit « une partie de l'éthique » sera une nouveauté pour de nombreux esprits.

Mais pourquoi pas ? L'éthique est la science de la conduite, et la politique n'est qu'un domaine de la conduite ; un cas très courant. Son lien avec Warfare dans ce chapitre est parfaitement légitime au regard, d'une part, de l'histoire de la politique et des enjeux modernes impératifs qui s'opposent aujourd'hui à cette combinaison établie.

Nombreux sont ceux qui estiment aujourd'hui que la politique n'a pas besoin d'être liée à la guerre, et d'autres estiment que la politique est une guerre du début à la fin.

Afin de dissocier complètement les deux idées, paraphrasons la définition ci-dessus, en l'appliquant à la gestion domestique : cette partie de l'éthique qui a à voir avec la réglementation et le gouvernement d'une famille ; la préservation de sa sécurité, de sa paix et de sa prospérité ; la défense de son existence et de ses droits contre toute ingérence ou contrôle étranger ; l'augmentation de ses forces et de ses ressources, et la protection de ses membres dans leurs droits ; avec la préservation et l'amélioration de leurs mœurs.

Tout cela est assez simple et nullement masculin ; ce n'est pas non plus féminin, sauf en cela ; que la tendance à soigner, défendre et gérer un groupe est à son origine maternelle.

Cependant, dans tous les sens humains du terme, la politique a laissé sa base maternelle loin au second plan ; et comme champ d'étude et d'action est aussi bien adapté aux hommes qu'aux femmes. Il n'y a aucune raison pour que les hommes ne développent pas de grandes capacités dans ce domaine de l'éthique et n'apprennent pas progressivement à préserver la sécurité, la paix et la prospérité de leur nation ; ainsi que ces autres services quant aux ressources, à la protection des citoyens et à l'amélioration des mœurs.

Les hommes, en tant qu'êtres humains, sont capables du dévouement et de l'efficacité les plus nobles dans ces domaines, et ils l'ont souvent démontré ; mais leur dévouement et leur efficacité ont été gâchés dans ce domaine, comme dans tant d'autres, par l'intrusion constante d'une tendance ultra-masculine.

Dans la guerre *en soi*, nous trouvons la masculinité dans ses extrêmes les plus absurdes . Ici doit être étudiée toute la gamme de la masculinité fondamentale, depuis l'instinct initial de combat, en passant par toutes les formes d'ostentation glorieuse, avec l'accompagnement de bruit le plus fort possible.

La guerre primitive avait pour point culminant la possession du prix primitif, la femelle. Sans dogmatiser sur une période aussi lointaine, on peut émettre comme une hypothèse juste que ce fut là l'origine même de nos razzias organisées. Nous trouvons certainement la guerre avant qu'il y ait la propriété foncière, ou toute autre propriété pour tenter les agresseurs. Cependant, il y avait toujours des femmes, et lorsqu'une tribu particulièrement androcentrique avait réduit son nombre de femmes par un traitement cruel, ou qu'elles n'étaient pas nées en nombre suffisant, en raison de conditions difficiles, les hommes devaient nécessairement aller plus loin après les autres femmes. Puis, comme les hommes des autres tribus s'opposaient naturellement à la perte de leur principale ressource en main-d'œuvre et de leur confort, il y eut la guerre.

Ainsi fondée sur la pulsion sexuelle, elle donnait toute sa portée à l'instinct combatif, et plus loin à cette soif d'exultation vocale si délicieusement masculine. Les fiers mugissements du cerf conquérant, alors qu'il piétinait son rival prosterné, trouvèrent une expression plus élevée dans les « triomphes » d'autrefois, lorsque le guerrier conquérant rentrait chez lui, avec des victimes enchaînées aux roues de son char et braillant des trompettes.

Lorsque la propriété est devenue un facteur appréciable dans la vie, la guerre a pris une nouvelle signification. Ce qui n'était d'abord qu'une simple destruction, dans l'effort de défendre ou d'obtenir un terrain de chasse ou un pâturage ; et, toujours, pour sécuriser la femelle ; désormais fusionnés avec l'instinct d'acquisition, et les longs âges noirs de la guerre prédatrice se sont rapprochés du monde.

Là où la première forme exterminait, la dernière asservissait et prenait tribut ; et pendant des siècles, le « gentleman aventurier », c'est-à-dire l'homme primitif, préféra de loin acquérir des richesses par le simple et ancien procédé consistant à les acquérir, plutôt que par toute forme d'industrie productive.

Nous avons été largement induits en erreur quant à la guerre par notre littérature androcentrique. Avec une histoire qui n'enregistrait rien d'autre ; une littérature qui la louait et un art qui l'exaltait ; une religion qui appelait son pouvoir central « le Dieu des batailles » – jamais le Dieu des ateliers, remarquez ! – avec toute une structure sociale complexe, dominée par les préjugés humains du centre à la circonférence, et qui accorde les plus grands éloges et honneurs au soldat ; il lui est encore difficile de voir ce qu'est réellement la guerre dans la vie humaine.

Un jour, nous aurons écrit de nouvelles histoires, des histoires de progrès mondial, montrant le lent soulèvement, le développement, l'interservice des nations ; montrant la faible et belle aube de l'esprit plus vaste de la conscience du monde et de toute sa croissance bénéfique.

Nous verrons les gens s'adoucir, apprendre, s'élever ; voyez la vie s'allonger avec la possession des troupeaux, et s'élargir en une riche prospérité avec l'agriculture. Puis l'industrie, florissante, fructueuse, s'étendant largement ; l'art, donnant lumière et joie ; l'intellect se développe avec la camaraderie et les rapports humains ; c'est l'arbre tout entier du progrès social, dont le tronc est l'industrie spécialisée et dont les branches comprennent la moindre et la plus grande branche de l'activité et du plaisir humains. Cet arbre en pleine croissance, poussant là où les conditions de paix et de prospérité lui en donnaient l'occasion, nous le verrons continuellement coupé jusqu'à la racine par la guerre.

Pour l'historien ultérieur, il apparaîtra à travers les âges, comme un destin hideux, une malédiction, un échec prédéterminé, pour entraîner tout notre espoir et notre joie et remettre à jamais la vie à ses premiers pas, cette peste rouge de la guerre.

L'instinct de combat entre mâles fonctionnait avantageusement tant qu'il ne blessait ni la femelle ni les petits. C'est un instinct parfaitement naturel, et donc parfaitement juste, à sa place ; mais sa place se situe dans une époque pré-patriarcale. Tant que la mère animale était libre et compétente pour prendre soin d'elle-même et de ses petits ; alors c'était un avantage d'avoir « le meilleur qui gagne » ; c'est le meilleur cerf ou lion ; et voir les vaincus mourir ou vivre dans un célibat boudeur ne désavantageait personne sauf lui-même.

L'humanité est à un niveau supérieur à ce plan. Le meilleur homme de la structure sociale n'est pas toujours le plus costaud. Lorsqu'une nouvelle horde de sauvages ultra-mâles envahit une jeune civilisation prospère, tua les mâles les plus civilisés et s'appropria les femelles les plus civilisées ; ils ont sans aucun doute apporté un nouvel élan physique à la course ; mais ils ont détruit la civilisation.

La reproduction de sauvages parfaitement bons n'est pas la tâche principale de l'humanité. Son métier est de croître socialement ; développer, améliorer; et la guerre, dans le meilleur des cas, retarde le progrès humain ; dans le pire des cas, l'efface.

Le combat n'est pas du tout un processus social ; c'est un processus physique, un processus sexuel subsidiaire, purement masculin, destiné à améliorer l'espèce par l'élimination des inaptes. Assez amusant, ou assez absurdement ; lorsqu'elle est appliquée à la société, elle élimine les aptes et laisse les inaptes perpétuer la race !

Nous avons besoin, pour mener nos combats organisés, d'un lot de jeunes mâles vigoureux, les plus en forme que nous puissions trouver. Le trop vieux ou le trop jeune ; les malades, les infirmes, les déficients ; sont tous laissés derrière, pour se marier et devenir pères ; tandis que l'élite du pays, physiquement, est envoyée s'opposer à l'élite d'un autre pays, et tuer — tuer — tuer !

Observez le résultat sur la population ! En premier lieu, l'équilibre est rompu : il n'y a pas assez d'hommes pour se déplacer à la maison ; de nombreuses femmes restent célibataires. Dans les guerres primitives, où les femmes étaient rapidement réduites en esclavage ou, au mieux, mariées de manière polygame, cela n'importait pas beaucoup à la population ; mais à mesure que la civilisation progresse et que la monogamie s'installe, tous les avantages eugéniques qui ont pu naître de la guerre sont complètement perdus, et toutes ses blessures demeurent.

Dans ce que nous appelons innocemment « guerre civilisée » (nous pourrions aussi bien parler de « cannibalisme civilisé ! »), cette élimination progressive de la crise laisse à la maison un niveau de filiation toujours plus bas . Cela crée une marge croissante de ce que nous appelons « femmes excédentaires », c'est-à-dire plus qu'assez pour être mariées de manière monogame ; et ces femmes, n'étant pas économiquement indépendantes, pèsent régulièrement sur les hommes restants, retardant le mariage et augmentant ses fardeaux.

Le taux de natalité est abaissé en quantité par le manque de maris, et abaissé en qualité à la fois par la destruction de souches supérieures et par la large diffusion des maladies qui accompagnent invariablement le manque d'épouse des hommes ségrégués qui sont envoyés pour travailler. nos fonctions militaires.

Les horreurs extérieures et le gaspillage de la guerre que nous connaissons tous ; R. Cela arrête l'industrie et tout progrès. B. Elle détruit les fruits de l'industrie et du progrès. C. Cela affaiblit, blesse et tue les combattants. D. Cela abaisse le niveau des non-combattants. Même la nation conquérante est gravement blessée ; les vaincus parfois exterminés, ou du moins absorbés par le vainqueur.

Ce processus de sélection masculine, lorsqu'il est appliqué aux nations, ne produit pas le même résultat que lorsqu'il est appliqué à des animaux isolés opposés. Lorsque la petite Grèce fut vaincue, cela ne prouva pas que les vainqueurs étaient supérieurs et ne favorisa en aucune manière les intérêts humains ; cela les a blessés.

L'« arbitrage sévère de la guerre » peut prouver lequel de deux peuples est le meilleur combattant, mais il ne prouve pas pour autant qu'il soit le plus apte à survivre.

Au-delà de tous ces maux plus ou moins évidents, vient un autre résultat, pas assez reconnu ; les effets psychiques des normes militaires de pensée et de sentiment.

Rappelez-vous qu'une culture androcentrique a toujours exempté ses propres activités essentielles des contraintes de l'éthique : « Tout est juste en amour et en guerre ! La tromperie, la supercherie, le mensonge, toutes sortes d'efforts sournois pour obtenir des informations ; un effort incessant pour déjouer et vaincre « l'ennemi » ; en plus de la cruauté et de la destruction ; sont caractéristiques du processus militaire ; ainsi que les vertus très louées de courage, d'endurance et de loyauté, personnelles et publiques.

Est également considéré comme une vertu, et incontestablement telle du point de vue militaire, le facteur primordial pour constituer et maintenir une armée, l'obéissance.

Voyez comment l'effet de ce maintien artificiel des premières attitudes mentales agit sur notre développement ultérieur. Le véritable progrès humain requiert des éléments tout autres que ceux-là. Si une guerre réussie faisait d'une nation le maître incontesté de la terre, son progrès social ne serait pas favorisé par cet événement. Les hordes grossières de Gengis Khan envahirent l'Asie et l'Europe, mais restèrent des hordes grossières ; la conquête n'est pas la civilisation, ni n'en fait partie.

Lorsque les hommes des tribus du Nord ont submergé la culture romaine , ils ont paralysé le progrès pendant environ mille ans ; reculer l'horloge d'autant. Tant que l'Europe entière était en guerre, les arts et les sciences restaient immobiles ou luttaient dans leurs recoins pour maintenir vivante leur lumière.

Lorsque la guerre elle-même cesse, ses conséquences physiques, sociales et psychiques ne cessent pas. Notre culture toute entière est encore rongée par les idéaux militaires.

Des congrès pour la paix ont commencé à se réunir, des sociétés pour la paix écrivent et parlent, mais les monuments dédiés aux soldats et aux marins (les marins bien sûr) continuent de s'élever et le soldat de plomb reste un jouet populaire. On ne voit pas par hasard des caisses de menuisiers en tôle ; fermiers d'étain, tisserands, cordonniers ; nous n'écrivons pas nos « livres pour garçons » sur les véritables bienfaiteurs et serviteurs de la société ; l'aventurier et le destructeur reste l'idole d'une culture androcentrique.

En politique, l'idéal militaire, les processus militaires, sont si prédominants qu'ils monopolisent presque « cette partie de l'éthique ». La science du gouvernement, la simple affaire saine de gérer une communauté pour son propre bien ; faire son travail, faire progresser sa prospérité, améliorer sa moralité – ceci est franchement compris et accepté comme un combat du début à la fin. Rassemblez vos forces et essayez d'entrer, c'est la campagne politique. Lorsque vous y êtes, battez-vous pour y rester et pour empêcher les autres d'entrer. Combattez pour votre propre main, comme un animal ; combattez pour votre maître comme n'importe quel bravo engagé ; combattez toujours pour une « victoire » désirée – et « aux vainqueurs appartiennent le butin ».

Ce n'est en aucun cas la véritable nature de la politique. Ce n'est même pas une image juste de la politique d'aujourd'hui ; dans lequel l'homme, l'être humain, accomplit un noble travail pour l'humanité ; mais c'est l'effet de l'homme, du mâle, sur la politique.

La vie, pour « l'esprit masculin » (nous avons assez entendu parler de « l'esprit féminin » pour utiliser l'analogue !) *est* un combat, et ses anciennes institutions et processus militaires entretiennent l'illusion.

En fait, la vie est une croissance. La croissance vient naturellement, par multiplication des cellules, et nécessite trois facteurs pour la promouvoir : nourriture, usage, repos. Le combat est un incident mineur de la vie ; appartenant à des niveaux inférieurs, et non d'une influence sociale en développement.

La science politique, dans une communauté civilisée, devrait désormais disposer d'une belle accumulation de connaissances simplifiées destinées à être diffusées dans les écoles publiques ; une réserve d'expérience pratique sur la manière de promouvoir le progrès social le plus rapidement possible, une économie progressiste et une administration facile, une simplicité en théorie et des avantages visibles dans la pratique, tels qu'ils devraient faire de chaque enfant un citoyen désireux et serviable.

Que trouve-t-on, ici en Amérique, dans le domaine de la « politique » ?

On retrouve d'abord un système de partis qui est l'agencement technique pour mener un combat. Il est parfaitement concevable qu'un gouvernement démocratique florissant soit dirigé *sans aucun parti* ; les fonctionnaires publics étant élus selon leurs mérites, et chaque mesure proposée jugée selon ses mérites ; bien que cela semble impossible à l'esprit androcentrique.

"Il n'y a jamais eu de démocratie sans factions ni partis !" est protesté.

Il n'y a jamais eu de démocratie jusqu'à présent, seulement une androcratie.

Un groupe composé uniquement de mâles, se divise, s'oppose, se bat naturellement ; même une Église masculine, soumise à la règle la plus rigide, a ses courants sous-jacents secrets d'antagonisme.

"C'est le cœur humain !" est à nouveau protesté. Non, pas essentiellement le cœur humain, mais le cœur masculin. Ceci est si bien reconnu par les hommes en général que, à leur avis, dans ce domaine mêlé de politique et de guerre, les femmes n'ont pas leur place.

Dans la « guerre civilisée », il est vrai qu'elles sont autorisées à se promener et à exercer leur fonction féminine d'infirmière ; mais cela ne fait pas partie de la guerre proprement dite, c'est plutôt le début de la fin de la guerre. Un jour ou l'autre, cela frappera notre « drôle d'endroit », ces efforts acharnés pour blesser et détruire, et ces efforts qui l'accompagnent pour guérir et sauver.

Mais dans notre politique , il n'est même pas prévu un corps d'infirmières ; les femmes sont absolument exclues.

"Ils ne peuvent pas jouer au jeu !" s'écrie le politicien pratique. On parle haut et fort de la souillure, de la « mare sale » et de l'obscurcissement des justes réputations qui en résulte , de l'inaptitude totale d'une femme charmante à prendre part aux « turbulences de la politique ».

En d'autres termes , les hommes ont fait d'une institution humaine une performance ultra-masculine ; et estiment, à juste titre, que les femmes ne peuvent pas participer à la politique *comme le font les hommes*. Qu'il ne soit pas nécessaire d'accomplir cette coutume humaine d'une manière aussi masculine ne leur vient pas à l'esprit. Peu d'hommes peuvent ignorer les limites de leur sexe et voir la vérité ; que cette tâche consistant à s'occuper de nos affaires communes est non seulement également ouverte aux femmes et aux hommes, mais que les femmes y sont clairement nécessaires.

N'importe qui admettra qu'un gouvernement entièrement aux mains des femmes serait aidé par l'assistance des hommes ; qu'une gynécocratie doit, de par sa nature, être unilatérale. Il est pourtant difficile de faire admettre, à contrecœur, le contraire ; qu'une androcratie doit, de par sa nature, être unilatérale également et serait grandement améliorée par la participation de l'autre sexe.

La confusion inextricable entre politique et guerre fait partie des pierres d'achoppement dans l'esprit des hommes. Selon eux, une nation est avant tout une organisation de combat ; et sa principale activité est la guerre offensive et défensive ; d'où l'ultimatum avec lequel ils opposent à l'exigence d'égalité politique : « les femmes ne peuvent pas se battre, donc elles ne peuvent pas voter ».

En fin de compte, se battre est pour eux la véritable affaire de la vie ; ne pas pouvoir se battre, c'est être complètement hors course ; et la capacité à résoudre notre masse croissante de problèmes publics ; questions de santé, d'éducation, de morale, d'économie ; ne pèse rien face à la capacité de tuer.

Cette hypothèse naïve d'une valeur suprême dans un processus qui n'a jamais été de première importance ; et de plus en plus préjudiciable à mesure que la société progresse, serait risible s'il n'y avait pas ses effets néfastes. Il agit et réagit sur nous face à notre blessure. Positivement, nous voyons les effets néfastes déjà évoqués ; les maux non seulement de la guerre active ; mais de l'esprit et des méthodes de guerre ; idéalisé, inculqué et pratiqué dans d'autres processus sociaux. Elle tend à faire de chaque nation gérée par l'homme une organisation de combat réelle ou potentielle et à nous donner, au lieu d'une paix civilisée, cet « équilibre des forces » qui est comme le temps compté dans le ring : seulement un repos entre les combats.

Cela laisse les nations les plus faibles « conquises » et « annexées » comme elles l'étaient autrefois ; avec des tarifs au lieu d'un tribut. Elle impose à chacun le fardeau de l'armement ; pour beaucoup, la redoutable conscription ; et réduit continuellement les ressources mondiales en argent et en vie.

De même, en politique, cela ajoute aux dépenses légitimes de gouvernement les dépenses illégitimes des combats ; et doit avoir un « système de butin » pour payer ses mercenaires.

Dans la mise en œuvre des politiques publiques, les rouages de l'État sont continuellement obstrués par « l'opposition » ; toujours une opposition d'un côté ou de l'autre ; et ces progrès lents et inégaux, à travers des victoires réduites et des concessions marchandées, sont considérés comme la méthode politique appropriée et unique.

« Les femmes ne comprennent pas la politique », nous dit-on ; « Les femmes ne se soucient pas de la politique ; » "Les femmes ne sont pas aptes à la politique."

Il est franchement inconcevable, du point de vue androcentrique, que des nations puissent vivre ensemble en paix et être amicales et serviables comme le sont les personnes. Il est également inconcevable que dans la gestion d'une nation, l'honnêteté, l'efficacité, la sagesse, l'expérience et l'amour puissent produire de bons résultats sans aucun élément de combat.

Le « recours ultime » reste les armes. "La volonté de la majorité" n'est respectée qu'à cause des armes de la majorité. Nous n'avons qu'une civilisation partielle, fortement modifiée par rapport au sexe : le sexe masculin.

LA FEMME ET L'ÉTAT

[Une discussion sur l'égalité politique des hommes et des femmes. Être lire en lien avec le chapitre 12 de Notre Androcentrique Culture.]

Voici deux facteurs vitaux dans la vie humaine : l'un est essentiel à notre existence ; l'autre est essentiel à notre progrès.

Nous idéalisons les deux dans certains domaines et les exploitons dans d'autres. Tous deux sont mal interprétés, privés de leur pleine utilité, et l'humanité ainsi blessée.

L'espèce humaine ne bénéficie pas des pleins pouvoirs des femmes, ni des pleins pouvoirs de l'État.

Dans toutes les races civilisées, il existe aujourd'hui un sentiment de mécontentement large et croissant parmi les femmes ; une critique des limites qui leur sont assignées et une exigence d'une plus grande liberté et d'opportunités. Selon les conditions, la demande varie ; c'est ici pour l'enseignement supérieur, là pour la justice devant la loi ; ici pour l'indépendance économique, là pour l'égalité politique.

Cette dernière question est actuellement la question la plus importante de la « question des femmes » en Angleterre et en Amérique, car l'activité des « suffragettes militantes » l'a imposée à l'attention du monde.

Les gens réfléchis en général étudient maintenant ce point plus sérieusement que jamais, sincèrement désireux d'adopter le bon côté, et on assiste à un soulèvement alarmé d'objections sincères à l'égalité politique des femmes.

Ne perdons pas de temps avec l'ignorance, les préjugés ou la résistance d'intérêts particuliers, affrontons équitablement l'opposition honnête et rendons-lui justice.

La position conservatrice est la suivante :

"Les hommes et les femmes ont des sphères différentes dans la vie. Aux hommes appartiennent la création et la gestion de l'État, ainsi que l'entretien financier du foyer et de la famille :

« Aux femmes appartiennent le fardeau physique de la maternité et la gestion industrielle du foyer et de la famille ; ces devoirs exigent tout leur temps et leurs forces :

« La prospérité de l'État peut être suffisamment conservée par les hommes seuls ; la prospérité de la famille requiert la présence personnelle et les services de la mère au foyer : si les femmes assument les soins de l'État, le foyer et la famille en souffriront : »

Certains vont même plus loin et prétendent qu'il existe une limitation essentielle dans « l'esprit féminin » qui l'empêche de saisir les grands intérêts politiques ; estimant donc que si les femmes participaient aux affaires de l'État, ce serait au détriment de la communauté :

D'autres avancent une théorie selon laquelle la « société », au sens particulier du terme, est la véritable sphère de service plus vaste pour les femmes, et que celles d'entre elles qui ne sont pas exclusivement confinées aux « tâches domestiques » peuvent trouver une pleine occupation dans les « tâches sociales », y compris le temps passé . domaines honorés de la « religion » et de la « charité » :

D'autres encore s'appuient principalement sur l'affirmation selon laquelle, en ce qui concerne le suffrage, « les femmes n'en veulent pas ».

Considérons ces points dans l'ordre inverse, en commençant par le dernier.

Nous admettrons qu'à l'heure actuelle, la majorité des femmes ne désirent pas consciemment une extension de leurs droits et privilèges politiques, mais nous nierons que cette indifférence soit une preuve contre l'opportunité d'une telle extension.

Il est admis depuis longtemps que la position des femmes est un indice de civilisation. Les progressistes sont fiers de la liberté et de l'honneur accordés à leurs femmes, et notre nation se croit honnêtement leader dans ce domaine. "Les Américaines sont les plus libres du monde !" nous disons; et s'en vanter.

Depuis le début du mouvement pour les droits des femmes, de nombreuses concessions ont été faites pour améliorer encore leur condition. Les hommes, voyant la justice de certaines exigences, ont accordé dans de nombreux États des privilèges tels que l'admission aux écoles, collèges, universités et à l'instruction spéciale pour les professions ; suivi de l'admission au barreau, à la chaire et à l'exercice de la médecine. Dans de nombreux États, les femmes mariées ont désormais droit à leurs propres revenus ; et dans quelques-uns, les mères ont un droit égal à la tutelle de leurs enfants.

Nous sommes fiers et heureux que nos femmes soient libres de se dévoiler, de voyager seules, de choisir leur propre mari ; nous sommes fiers et heureux de chaque extension de justice déjà accordée par les hommes aux femmes.

Maintenant :— Certaines de ces concessions ont-elles été accordées parce qu'une majorité de femmes les réclamaient ? A-t-on avancé contre l'un d'entre eux que « les femmes n'en voulaient pas » ? Y a-t-il déjà eu autant de femmes qui ont demandé ces choses qu'aujourd'hui le droit de voter ? S'il était désirable d'accorder ces autres droits et privilèges sans la demande d'une majorité, pourquoi faut-il la demande d'une majorité avant que celui-ci soit accordé ?

Les enfants veuves de l'Inde n'ont pas exigé unanimement l'abolition du « suttee ».

Les petites filles torturées de Chine ne se sont pas levées en grande majorité pour exiger la liberté de mouvement ; Pourtant, personne ne refuserait sûrement d'alléger ces fardeaux, car seule une minorité de femmes progressistes insistait sur la justice.

Il est sociologiquement impossible qu'une majorité d'une classe non organisée s'unisse pour revendiquer un droit, un devoir qu'elle n'a jamais connu.

La question à trancher est de savoir si l'égalité politique est à l'avantage des femmes et de l'État – et non si l'un ou l'autre, en tant qu'organisme, la réclame.

Passons maintenant à la théorie de la « société ». Il existe une vénérable fiction selon laquelle les femmes créent et gèrent la « société ». Aucun étudiant attentif en histoire comparée ne peut soutenir un seul instant cette conviction. Quelles que soient les conditions de l'âge ou du lieu ; industriel, financier, religieux, politique, éducatif ; ces conditions sont entre les mains des hommes ; et ces conditions dictent la « société » de cette époque ou de ce lieu.

La « société » dans une monarchie constitutionnelle est une chose ; dans un despotisme primitif, un autre ; parmi les millionnaires, un tiers ; mais les femmes ne font pas le despotisme, la monarchie ou les millions. Ils prennent les conditions sociales comme celles fournies par les hommes, exactement comme ils prennent toutes les autres conditions entre leurs mains. Ils ne modifient même pas une société existante selon leurs propres intérêts, étant impuissants à le faire. Le « double standard de morale », qui règne partout dans la « société », le prouve ; tout comme l'impuissance relative des femmes à profiter même des divertissements sociaux, sans la présence et l'invitation constantes des hommes.

Même dans sa grande fonction d'exhibition conduisant au mariage, ce sont les filles qui sont dressées et exhibées, sous la plus étroite surveillance ; tandis que les hommes entrent et sortent, choisissant à leur guise, sans aucune surveillance.

Que les femmes , par ailleurs puissantes, puissent utiliser la « société » pour parvenir à leurs fins, est aussi vrai que les hommes ; et en Angleterre, où les femmes, du fait de leur position titrée et terrienne, ont toujours eu plus de pouvoir politique qu'ici, la « société » est un véhicule très utile pour les activités des deux sexes.

Mais, pour l'essentiel, les opportunités offertes par la « société » aux femmes ne sont que des opportunités d'utiliser leur « influence féminine » dans des domaines extra-domestiques – un avantage très discutable pour le foyer et la famille, pour la maternité, pour les femmes ou pour l'État. .

En religion, les femmes ont toujours occupé et largement rempli la place qui leur était laissée. Inutile de dire que c'était un niveau bas. Le pouvoir de l'Église, toute sa direction et ses émoluments, étaient toujours entre les mains des hommes, sauf lorsque la Dame Abbesse exerçait une influence partielle ; mais le travail de l'Église a toujours été aidé par les femmes : les hommes ont prêché et les femmes ont pratiqué !

La charité, en tant que vocation, s'inscrit directement dans l'instinct maternel et a toujours séduit les femmes. Puisque nous avons appris à quel point cette gentillesse erronée est préjudiciable au véritable développement social, on pourrait presque la classer comme un sous-produit morbide d'une féminité supprimée !

En passant, nous pouvons noter que la charité en tant que vertu occupe la première place parmi les nations et les religions où les femmes sont les moins appréciées. Chez les musulmans, c'est une loi universelle — et dans le paradis musulman il n'y a pas de femmes — sauf les Houries !

Le terrain de jeu d'une « société » clôturée par l'homme ; le terrain de travail d'une église instruite par l'homme ; et cette « osmose » de la nutrition sociale, cette fuite et ce suintement de valeurs qui devraient circuler normalement, appelées charité ; ce ne sont pas des domaines suffisants pour les activités des femmes.

Quant aux limitations de « l'esprit féminin » qui la rendent inapte à considérer l' approvisionnement d'une nation, ou la justice d'un impôt sur le sucre ; il ne semble guère que cette accusation doive être prise au sérieux. Pourtant, une femme aussi compétente que Mme Humphry Ward l'a récemment avancé avec sérieux.

Selon elle, les femmes sont capables de gérer les affaires municipales, mais pas celles de l'État. Puisque même cela leur a été autrefois refusé ; et depuis, en Angleterre, ils ont depuis quelque temps le suffrage municipal ; il semblerait que leurs capacités grandissent avec l'utilisation, comme le font la plupart des capacités ; ce qui est en vérité la vraie réponse.

La plupart des femmes passent toute leur vie, et ont passé toute leur vie depuis des générations innombrables, dans la contemplation persistante et exclusive de leurs propres affaires familiales. Ils sont myopes, ou plutôt myopes ; le problème ne vient pas de la nature de leur esprit, mais de l'usage qu'on en fait.

Si les hommes, en tant que classe, avaient été exclusivement confinés au travail domestique depuis le début de l'histoire, il serait également peu probable qu'ils manifestent une intelligence politique aiguë.

Nous pouvons être d'accord avec Tennyson sur le fait que « la femme n'est pas un homme sous-développé, mais diversifié » ; c'est-à-dire que *les femmes* ne sont pas *des hommes sous-développés* ; mais la moitié féminine de l'humanité est humaine sous-développée. Elles ont exercé leurs fonctions féminines, mais non leurs fonctions humaines ; du moins pas dans toute leur ampleur.

Ici apparaît une distinction qui doit être largement appréciée.

Nous ne sommes pas simplement un homme et une femme – tous les animaux le sont – notre principale distinction est celle de la race, notre humanité.

Caractéristiques masculines que nous partageons avec tous les mâles, oiseaux et bêtes ; les caractéristiques féminines que nous partageons avec toutes les femmes, de la même manière ; mais les caractères humains appartiennent uniquement au *genre homo* ; et sont possédés par les deux sexes. Une cheval femelle est tout autant un cheval qu'un mâle de son espèce ; un être humain féminin est tout aussi humain que le mâle de son espèce – ou devrait l'être !

Dans les fonctions spéciales et les relations sexuelles, il n'y a aucune contestation, aucune rivalité ou confusion possible ; mais il y a un grand malentendu sur les fonctions générales de l'humanité.

Notre problème est que nous n'avons pas reconnu ces fonctions humaines comme telles ; mais les supposait exclusivement masculins; et, agissant selon cette idée, s'efforça d'empêcher les femmes d'imiter contre nature les hommes.

D'où cette théorie mineure des limites de « l'esprit féminin ».

L'esprit est avant tout humain. Le degré de développement cérébral qui distingue notre espèce est une caractéristique humaine et non une caractéristique sexuelle.

Il peut y avoir, il y a eu et il y a encore une grande différence dans notre traitement des esprits des deux sexes. Nous leur avons donné une éducation différente, des exercices différents, des conditions différentes à tous points de vue. Mais toutes ces différences sont extérieures, et leur effet disparaît avec elles.

L'« esprit féminin » a prouvé sa capacité identique à l'« esprit masculin », *dans la mesure où il a été soumis à des conditions identiques*. Il faudra cependant beaucoup de temps avant que les conditions soient suffisamment identiques, d'une génération à l'autre, pour donner une chance équitable à « l'esprit féminin ».

Entre-temps, compte tenu de ses inconvénients traditionnels, pédagogiques et associatifs, « l'esprit féminin » a fait remarquablement bonne figure.

Le domaine politique est un domaine malheureux pour insister sur cette prétendue limitation ; parce que la politique est l'un des rares domaines dans lesquels certaines femmes ont été élevées et exercées dans des conditions égales à celles des hommes.

Nous avons eu des reines aussi longtemps que nous avons eu des rois, peut-être plus longtemps ; et l'histoire ne montre pas que l'esprit masculin, chez les rois, ait manifesté une supériorité numériquement proportionnelle sur l'esprit féminin, chez les reines. Il y a eu plus de rois que de reines, mais y en a-t-il eu plus de bons et de grands, en proportion ?

Même une reine pratique et efficace est la preuve suffisante qu'être une femme n'exclut pas la capacité politique. Puisque l'Angleterre a eu une reine si compétente pendant si longtemps, et que dans la mémoire personnelle de Mme Humphry Ward, sa position semble ridicule à l'extrême.

On a avancé que les grandes reines devaient leur pouvoir à l'association et aux conseils des hommes nobles et nobles qui les entouraient ; et, en outre, que la piètre performance de beaucoup de rois était due à l' association et au vice des femmes basses et basses d'esprit qui les entouraient.

Il s'agit en premier lieu d'une affirmation particulièrement pusillanime ; n'est pas prouvable en deuxième lieu ; et, si c'était vrai, cela ouvre en troisième lieu un très joli champ d'études. Cela semblerait prouver, si cela prouve quelque chose, que les hommes ne sont pas dignes de se voir confier le pouvoir politique en raison de leur affinité alarmante pour la pire des femmes ; et, inversement, que les femmes, en tant que commanditaires du meilleur des hommes, sont visiblement les bonnes dirigeantes ! Cela ouvre également un aperçu agréable de cet outil souvent recommandé : « l'influence féminine ».

Nous arrivons maintenant à notre objection initiale ; que la société et l'État, le foyer et la famille sont mieux servis par la division actuelle des intérêts ; et son corollaire, que si les femmes élargissent ce champ d'intérêt, cela réduirait leur utilité dans leur sphère actuelle.

Le corollaire s'enlève facilement. Nous sommes maintenant sur le terrain des faits établis ; de l'histoire, récente, mais toujours réalisée.

Les femmes ont eu des droits politiques égaux à ceux des hommes dans plusieurs endroits, pendant des périodes considérables. Dans le Wyoming, pour se rapprocher de chez eux, ils jouissent de ce statut depuis plus d'une génération. Ni ici ni dans aucun autre État ou pays où les femmes votent, il n'y a la moindre preuve d'un préjudice au foyer ou aux relations familiales. Dans le Wyoming, en effet, le divorce a diminué, alors qu'il progressait très rapidement ailleurs.

La connaissance politique, l'intérêt politique, ne demandent pas plus de temps et d'énergie que toute autre forme d'activité mentale ; cela n'empêche pas non plus une grande efficacité dans d'autres domaines ; et quant au temps réel requis pour accomplir les devoirs moyens d'un citoyen, c'est une illusion méprisable en matière d'argumentation, sinon une simple ignorance et une confusion d'idées, que de préconiser la participation occasionnelle à des réunions politiques, ou aux réunions annuelles ou semestrielles. l'abandon d'un bulletin de vote, comme toute ingérence dans la gestion d'une maison.

Il est prouvé, au fil des années d'expérience, que les femmes peuvent jouir d'une pleine égalité politique et exercer leur pouvoir, sans cesser le moins du monde d'être des épouses et des mères, des cuisinières et des femmes de ménage satisfaites et efficaces.

Ce qui horrifie vraiment l'esprit populaire à l'idée des femmes en politique, c'est l'image de la femme comme une « politicienne pratique » ; lui consacrer du temps en tant qu'entreprise et gagner de l'argent grâce à cela, de manière discutable ou incontestable ; et, en outre, en tant qu'homme politique en exercice, en tant que shérif, échevin, sénateur, juge.

L'esprit populaire est envahi d'horreur par la première idée, et à peine moins par la seconde. Il représente une enfance rougissante sur le banc ; tendre maternité au Sénat; la femme au foyer est devenue une « gardienne des talons » ; et devient très malade en contemplant ces abominations.

Aucun esprit instruit, aucun esprit pratique, aucun esprit capable et désireux d'utiliser ses facultés, n'a besoin d'être induit en erreur un instant par ces sophismes.

Il n'y a absolument aucune preuve que les femmes, en tant que classe sociale, se précipiteront dans la « politique pratique ». Là où ils ont voté le plus longtemps, ils ne manifestent pas ce résultat redoutable. Il n'y a aucune preuve non plus qu'ils désireront tous occuper un poste ; ou qu'une partie considérable d'entre eux le fera ; ou que s'ils le faisaient, ils l'auraient.

Nous semblons inconsciemment supposer que lorsque les femmes commenceront à voter, les hommes arrêteront ; ou que les femmes seront plus nombreuses que les hommes ; aussi que, plus nombreux qu'eux, ils seront complètement unis dans leur vote ; et, de plus, que, si nombreux et si unis, ils voteront solidement pour une liste composée uniquement de candidates.

Quelqu'un imagine-t-il sérieusement que cela soit probable ?

Cela peut être déclaré avec assurance ; si jamais nous voyons une femme intelligente, intrigante, coquette et tordue par les hommes ; ou une jolie jeune fille charmante, irrésistible , élue au pouvoir, ce ne sera pas par le vote des femmes !

Lorsque les femmes sont élues à des postes, par le vote des hommes et des femmes, elles ont un âge et des capacités appropriés et font bien leur travail. Ils ont déjà grandement amélioré certaines conditions de la politique locale, et la législation qu'ils préconisent présente un caractère bénéfique.

Quelle est la véritable relation des femmes à l'État ?

Elle est précisément identique à celle des hommes. Leurs formes de service peuvent varier, mais leur devoir, leur intérêt, leur responsabilité sont les mêmes.

Voici les gens sur terre, dont la moitié sont des femmes, tous ses enfants. C'est sa terre autant que la sienne ; le peuple est son peuple, l'État son État ; composé de tous, en juste relation.

En tant que père et mère, ensemble ; héberger, garder, instruire et subvenir aux besoins de leurs enfants à la maison ; il en va de même pour tous les pères et mères ensemble ; abriter, garder, enseigner et subvenir aux besoins de leurs enfants communs, la communauté.

L'État n'est pas un mystère ; pas de lieu tabou du secret masculin ; c'est simplement nous.

La démocratie n'est-elle encore qu'un enfant à moitié adulte, un enfant de jumeaux ? Sa moitié de garçon est en difficulté, avec « les maladies de l'enfance » ; sa moitié féminine a à peine commencé à le remarquer.

En tant que créatures humaines, nous avons exactement les mêmes devoirs, privilèges, intérêts et pouvoirs dans l'État ; partageant sa protection, ses avantages et ses services. En tant que femmes, nous avons une relation différente.

Ici en effet, nous admettrons et nous glorifierons de notre « diversité ». L'« éternelle femme » est une chose bien plus utile dans l'État que l'« éternelle virilité ».

Être femme, c'est être mère. Être mère signifie donner de l'amour, de la défense, de la nourriture, des soins, de l'instruction. Trop longtemps, bien trop longtemps, la maternité a négligé ses véritables devoirs sociaux, ses devoirs envers l'humanité dans son ensemble. Même dans sa situation de développement industriel retardé, en tant que gouvernante et ouvrière domestique du monde, la femme a une contribution d'une valeur particulière à l'État.

En tant que mère aimante, enseignante patiente, infirmière tendre, pourvoyeuse et soignante avisée, elle peut servir l'État, et l'État a besoin de ses services.

XIII. INDUSTRIE ET ÉCONOMIE.

La forêt de la Vérité, en matière d'industrie et d'économie, est difficile à voir à cause des arbres.

Nous avons tant de faits à ce sujet ; tant d'opinions; tant de traditions et d'habitudes ; et la pression des conclusions immédiates est si intense sur nous tous ; qu'il n'est pas facile de créer un espace clair dans son esprit et de considérer le domaine de manière équitable.

Peut-être que le traitement actuel du sujet séduira davantage les esprits de ceux qui en savent le moins ; comme la femme moyenne. Pour elle, l'industrie est un devoir quotidien et permanent, ainsi qu'une impulsion naturelle ; et l'économie signifie se passer de choses. Pour des esprits aussi inexpérimentés mais aussi sans préjugés, il devrait être facile de montrer les principaux faits dans ce sens.

Disposons d'abord de l'économie, comme ayant une apparence scientifique solennelle.

L'économie physique traite des affaires internes du corps ; toute la machinerie et son fonctionnement ; tous les organes, membres, fonctions ; chaque dernier et plus petit capillaire et chaque leucocyte font partie de cette « économie ».

L'« économie » de la nature n'est pas du tout « économique ». Le gaspillage de vies, le gaspillage de matériel, le gaspillage de temps et d'efforts sont prodigieux, et pourtant elle atteint son but comme nous le voyons.

L'économie domestique couvre l'ensemble des soins et du gouvernement du ménage ; le maintien de la paix, de la santé, de l'ordre et de la moralité ; les soins et l'alimentation des enfants dans la mesure où ils sont effectués à la maison ; toute la gestion de la maison, ainsi que les dépenses et les économies d'argent ; y sont inclus. L'épargne en est la partie la moins importante et la plus pauvre ; surtout comme dans la simple abstinence des choses nécessaires ; surtout lorsque cette abstinence est principalement « celle de la Mère ». Quelle est la meilleure façon de dépenser ; le temps, la force, l'amour, les soins, le travail, la connaissance et l'argent — telles devraient être les principales études de l'économie domestique.

L'économie sociale, ou, comme on l'appelle habituellement, l'économie politique, couvre un domaine plus vaste, mais pas fondamentalement différent. Une famille est composée de personnes et la Mère est leur gérante naturelle. La société est composée de personnes — *des mêmes personnes* — mais en plus grand nombre. Tous les gens qui sont membres de la Société sont aussi membres de familles — sauf peut-être quelques orphelins couvés.

L'économie sociale couvre l'ensemble des soins et de la gestion du peuple, le maintien de la paix, de la santé, de l'ordre et de la moralité ; la garde des enfants, dans la mesure où elle est effectuée hors du foyer ; ainsi que les dépenses et les économies de l'argent public, tout cela y est inclus.

Cette grande affaire de l'économie sociale est actuellement peu comprise et très mal gérée, pour cette raison ; nous l'abordons d'un point de vue individuel ; nous ne cherchons pas tant à contribuer au service commun qu'à tirer notre profit personnel de la richesse commune. Là où toute la famille travaille ensemble pour récolter les fruits et les stocker pour l'hiver, nous avons une économie domestique légitime : mais là où un membre prend et cache beaucoup pour lui-même, à l'exclusion des autres, nous n'avons pas d'économie domestique du tout – simplement l'égoïsme individuel.

En économie sociale, nous sommes confrontés à un problème vaste mais simple. Voici la terre, notre ferme. Voici les gens qui possèdent la terre. Comment tirer le meilleur parti de la terre pour le plus grand nombre avec le moins de travail possible ? C'est le problème de l'économie sociale.

En regardant le monde comme si vous le teniez entre vos mains pour l'étudier et en discuter, que trouvons-nous à l'heure actuelle ?

Nous trouvons des gens qui vivent dans une population trop dense pour assurer leur santé et leur confort dans certains endroits, et trop dispersés pour d'autres ; nous constatons que la plupart des gens travaillent trop dur et trop longtemps à un travail honnête ; certaines personnes travaillant avec une intensité préjudiciable à un travail malhonnête ; et quelques misérables pauvres parmi les riches et les pauvres, des oisifs dégénérés qui ne travaillent pas du tout, la racaille et la lie de la société.

Tout cela n'est pas une bonne chose du point de vue économique. Nous n'obtenons pas le confort de vie que nous pourrions facilement obtenir ; et travailler beaucoup trop dur pour ce que nous obtenons. De plus, il n'y a ni paix, ni sécurité assurée. Aucun homme n'est sûr de sa vie, peu importe à quel point il travaille dur, mille choses peuvent survenir pour le priver de son travail, ou de ses revenus. À notre époque, ce domaine d'étude suscite un grand enthousiasme ; et plus d'une proposition est avancée par laquelle nous pouvons nous améliorer, comme en témoigne notamment l'avancée mondiale du socialisme.

Dans notre présente étude, le fait principal à démontrer est l'influence d'une culture masculine sur l'économie sociale et l'industrie.

L'industrie, en tant que département de l'économie sociale, est peu comprise. Jusqu'à présent, nous avons considéré ce domaine à partir de plusieurs positions totalement erronées. À partir de l'enseignement religieux hébreu (et entièrement androcentrique), nous avons considéré le travail comme une malédiction.

Rien de plus absurdement faux. Le travail n'est pas simplement un moyen de soutenir la vie humaine : c'est *la* vie humaine. Imaginez une race d'êtres vivant sans travail ! Ce doivent être les sauvages les plus grossiers.

Le travail humain consiste dans l'industrie spécialisée et l'échange de ses produits ; et sans elle, il n'y a pas de civilisation. À mesure que l'industrie se développe, la civilisation se développe ; la paix s'étend ; la richesse augmente; la science et l'art contribuent à ce splendide total. L'industrie productive et l'industrie distributive qui la sous-tend couvrent le domaine majeur de la vie humaine.

Si notre industrie était normale, que devrions-nous voir ?

Un monde rempli de personnes heureuses et en bonne santé ; chacun est activement engagé dans ce qu'il aime le plus faire. La spécialisation normale, comme tous nos processus volontaires, s'accompagne d'un vif plaisir ; et toute vérification ou interruption de celui-ci provoque des douleurs et des blessures. Celui qui travaille à ce qu'il aime est bien et heureux. Celui qui travaille à ce qu'il n'aime pas est malade et misérable. C'est une très mauvaise solution économique que de contraindre une industrie réticente à le faire. C'est là la faiblesse du travail servile ; et du travail salarié également là où il n'y a pas d'éducation industrielle complète et de liberté de choix.

Dans des conditions normales, nous devrions voir des spécialistes bien formés et bien formés, engagés avec plaisir dans le travail qu'ils apprécient le plus ; pendant des heures raisonnables (tout travail, ou tout jeu, devient préjudiciable s'il est effectué trop longtemps) ; et en conséquence, la production mondiale dans son ensemble s'en trouverait considérablement améliorée, non seulement en quantité mais en qualité.

Les faits mélancoliques de ce que nous voyons sont clairs. À cette conception pitoyable du travail comme malédiction, vient la très vieille et androcentrique habitude de le mépriser comme appartenant aux femmes, puis aux esclaves.

En effet, l'industrie est à l'origine féminine ; c'est-à-dire maternel. C'est la fontaine débordante de l'amour maternel et du pouvoir maternel qui pousse la race humaine au travail ; et pendant de longues périodes, les hommes n'ont effectué aucune industrie productive ; n'étant que des chasseurs et des combattants.

C'est ce manque d'instinct naturel de travail chez le mâle de notre espèce, ainsi que les idées et opinions fondées sur ce manque et exprimées par lui dans ses nombreux écrits, religieux et autres, qui ont donné au monde sa fausse estimation de l'instinct naturel du travail. cette grande fonction, le travail humain. Ce qui est notre vie même, notre plus grande joie, notre chemin vers tout avancement, nous l'avons méprisé et opprimé ; de sorte que les « travailleurs », les « classes ouvrières », « l'obligation de travailler », etc., sont encore aujourd'hui évoqués avec mépris. C'est peut-être ainsi que les drones parlent entre eux des « abeilles qui travaillent ! »

Normalement, en s'étendant du service attentionné et généreux de la mère dans la famille au service attentionné et généreux dans le monde, nous devrions trouver le travail donné gratuitement, avec amour et fierté.

Anormalement, écrasés sous le fardeau du mépris et des préjugés androcentriques, nous avons du travail produit à contrecœur sous la pression de la nécessité ; travail des esclaves sous la crainte du fouet, ou des salariés, un échelon plus haut, sous la crainte du besoin. De longues époques où la chasse et le combat étaient les seules occupations masculines ont laissé de lourdes empreintes. L'instinct prédateur et l'instinct combatif pèsent et défigurent notre développement économique. Ce que Veblen appelle « l'instinct du travail » se développe lentement et irrésistiblement ; mais les traits néfastes de notre vie industrielle sont typiquement androcentriques : le désir d'obtenir, du chasseur ; interférer avec le désir de donner de la mère ; le désir de vaincre un antagoniste – à l'origine masculin, interférant avec le désir de servir et de bénéficier – à l'origine féminin.

Que le lecteur garde à l'esprit qu'en tant qu'êtres humains, les hommes sont capables de survivre à leur nature masculine et de rendre un noble service au monde ; aussi qu'en tant qu'êtres humains, ils sont aujourd'hui bien plus développés que les femmes et font bien plus pour le monde. Le point mis en évidence ici est que, en tant qu'hommes, leur suprématie incontrôlée a abouti à une prédominance anormale des impulsions masculines dans nos processus humains ; et que cette prédominance a été largement préjudiciable.

Il se trouve que les impulsions distinctement féminines ou maternelles sont bien plus en phase avec le progrès humain que celles de l'homme ; ce qui rend son exclusion des fonctions humaines d'autant plus malfaisante.

Nos enseignements actuels dans la science naissante de l'économie politique sont naïvement masculins. Ils considèrent comme incontestable que « l'homme économique » ne fera jamais rien s'il n'y est pas obligé ; il ne le fera que pour échapper à la douleur ou atteindre le plaisir ; et il prendra inévitablement tout ce qu'il peut obtenir et fera tout ce qu'il peut pour déjouer, vaincre et, si nécessaire, détruire son antagoniste.

Toujours l'antagoniste ; pour l'esprit masculin, un antagoniste est essentiel au progrès, à toute réussite. Il a implanté cette pensée-racine dans tout le monde humain ; depuis cette vieille idée hideuse de Satan, « l'Adversaire », jusqu'au concurrent dans les affaires, ou au garçon en tête de la classe, qui est remplacé par un autre.

Par conséquent, même en science, « la lutte pour l'existence » est la loi dominante – pour l'esprit masculin, avec « la survie des plus aptes » et « l'élimination des inaptes ».

C'est pourquoi, dans l'industrie et l'économie, nous trouvons toujours et partout l'antagoniste ; la nécessité de surmonter quelqu'un ou quelque chose – sinon pourquoi faire un effort ? Si vous n'avez ni l'incitation à la récompense, ni l'incitation au combat, pourquoi travailler ? "La concurrence est la vie du commerce."

Ainsi l'Homme Economique.

Mais qu'en est-il de la femme économique ?

Pour l'esprit androcentrique, elle n'existe pas. Les femmes sont des femmes, et c'est tout ; leurs capacités de travail se limitent au service personnel.

Qu'il soit possible de développer l'industrie à des hauteurs bien plus élevées et de trouver dans l'économie sociale un processus simple et bénéfique pour la promotion de la vie humaine et de la prospérité, sous une autre impulsion que ces deux, Désir et Combat, est en effet difficile à reconnaître. – pour « l'esprit masculin ».

Nos concepts existants de masculinité et d'humanité sont si absolument imbriqués, nous sommes si sûrs que les hommes sont des personnes et les femmes uniquement des femmes, que la revendication d'un poids et d'une dignité égales dans les affaires humaines pour les instincts et les méthodes féminins est considérée comme absurde. Nous constatons que l'industrie existante est presque entièrement aux mains des hommes ; trouvez que cela est fait comme les hommes le font ; supposer que c'est ainsi qu'il faut procéder.

Lorsque des femmes suggèrent que les choses pourraient être faites différemment, leur proposition est écartée – elles ne sont « que des femmes » – leurs idées sont « féminines ».

Convenu. Ainsi les hommes sont-ils « seulement des hommes », leurs idées sont « masculines » ; et des deux, les femmes sont plus vitalement humaines que les hommes.

La femelle est le type racial, l'homme la variante.

La femelle, en tant que type de race, possède en outre les processus féminins ; effectue le mieux les processus de course. Le mâle, cependant, les a développé avec beaucoup de difficulté, toujours lourdement handicapé par sa virilité ; étant à l'origine essentiellement une créature sexuelle, et donc dominée presque exclusivement par des impulsions sexuelles.

L'instinct humain de service mutuel est freiné par l'instinct masculin de combat ; la tendance humaine à se spécialiser dans le travail, à déployer avec joie sa force dans des lignes d'expression spécialisées, est freinée par l'instinct prédateur, qui s'efforce d'obtenir une récompense ; et défiguré par l'instinct masculin d'expression de soi, ce qui est tout à fait différent du grand déversement humain de la force mondiale.

Les grands hommes, les enseignants et les dirigeants du monde, sont grands en humanité ; la simple masculinité ne fait pas la grandeur, sauf dans la guerre – une gloire désavantageuse ! Les grandes femmes doivent aussi être grandes en humanité ; mais leurs instincts féminins ne sont pas aussi subversifs au progrès humain que le sont les instincts masculins. Être une enseignante et une leader, aimer et servir, garder, guider et aider, sont tout à fait conformes à la maternité.

"Ne sont-ils pas également conformes à la paternité ?" sera demandé; » et « Les instincts paternels du père ne sont-ils pas masculins ?

Non ils ne sont pas; ils ne diffèrent en rien des maternels, dans la mesure où ils sont bénéfiques. Les fonctions parentales de type supérieur, celles de type humain, sont identiques. Le père peut donner à ses enfants de nombreux avantages que la mère ne peut pas donner ; mais cela est dû à sa supériorité en tant qu'être humain. Il possède bien plus de connaissances et de pouvoir dans le monde, le monde humain ; lui-même est plus développé dans les pouvoirs et les processus humains ; et est donc capable de faire beaucoup pour ses enfants, ce que la mère ne peut pas faire ; mais cela n'est en aucun cas dû à sa masculinité. C'est dans ce développement des pouvoirs humains chez l'homme, à travers la paternité, que nous pouvons lire l'explication de notre courte période de culture androcentrique.

Un renversement aussi profond et complet des relations antérieures, une telle continuation de ce qui apparaît à tous égards comme une position contre nature, devaient avoir une certaine justification dans les avantages raciaux, sinon ils n'auraient pas pu durer. C'est sa justification ; l'établissement de l'humanité chez le mâle ; il y est conduit, selon des lignes naturelles, par l'exercice de désirs préexistants.

Dans une culture masculine, les forces d'attraction devaient inévitablement être, nous l'avons vu, le Désir et le Combat. Ces forces masculines, agissant sur les processus humains, bien que nécessaires à l'élévation de l'homme, ont été tout sauf édifiantes pour la civilisation. Un sexe qui pense, ressent et agit en termes de combat est difficile à harmoniser dans les liens fluides des relations humaines ; qu'ils aient si bien réussi est un beau témoignage du pouvoir supérieur de la tendance raciale sur la tendance sexuelle. S'unir et s'organiser, grossièrement et provisoirement, pour la chasse commune ; et ensuite, avec une élaboration progressive, pour la lutte commune ; ils utilisent désormais les mêmes tactiques – et malheureusement les mêmes désirs – dans leur travail commun.

Union, organisation, interservices complexes, sont les processus essentiels d'une société en croissance ; en eux, dans l'exercice toujours croissant du pouvoir selon des lignes d'action de plus en plus larges, se trouvent la joie et la santé de la vie sociale. Mais jusqu'ici les hommes s'unissent pour mieux combattre ; le service mutuel tenu accessoirement à la fin commune de la conquête et du pillage.

Malgré cela, le pouvoir dominateur de l'humanité est en train de développer parmi les hommes modernes d'immenses organisations d'un caractère entièrement bénéfique, sans autre but que l'avantage mutuel. Il s'agit là d'une véritable croissance humaine et, en tant que telle, elle remplacera inévitablement les processus antérieurs fondés sur des préjugés sexuels.

Le caractère humain de la religion chrétienne est désormais de plus en plus insisté ; l'amour et le service pratiques de chacun et de tous ; à la place de la vieille insistance sur le désir – pour une couronne et une harpe au ciel, et un combat – avec cet adversaire éternel.

En économie, ce grand changement se déroule rapidement sous nos yeux. Il s'agit d'un changement d'idée, de concept de base, de notre théorie sur ce dont il s'agit. Nous commençons à voir le monde non plus comme « un champ de bataille équitable et sans faveur » – ni comme un endroit où un homme peut devancer les autres, moyennant un certain prix ; mais comme un établissement nous appartenant, dont les bénéfices doivent être appliqués, bien entendu, au profit de l'humanité.

Dans l'ancienne idée, l'idée entièrement masculine, basée sur les processus de combat sexuel, l'avantage du monde résidait dans le fait que « le meilleur gagne ». Certains, dans leurs premiers pas d'enthousiasme pour l'eugénisme, le pensent encore ; imaginer que le processus primordial de promotion de l'évolution à travers la paternité du mâle conquérant est le meilleur processus.

Qu'un lion supérieur tue six ou soixante lions inférieurs et laisse derrière lui une progéniture de lions plus supérieurs, c'est très bien, pour les lions ; la supériorité dans le combat est toute la supériorité dont ils ont besoin.

Mais l'homme capable de déjouer ses partisans, de les détruire dans un combat physique ou de les ruiner dans un combat financier, n'est donc pas une créature humaine supérieure. Même la supériorité physique, en tant que combattant, ne prouve pas le genre de vigueur la mieux calculée pour résister à la maladie ou pour s'adapter aux conditions changeantes.

Que notre culture masculine dans ses effets sur l'économie et l'industrie soit préjudiciable, toute la page ouverte de l'histoire le montre clairement. Des simples activités bienfaisantes d'une période matriarcale on suit les mêmes pas lamentables ; nation après nation. Les femmes sont réduites en esclavage et les captifs sont réduits en esclavage ; un despotisme militaire se développe ; le travail est méprisé et découragé. Alors, lorsque les forces sociales irrésistibles nous font avancer, dans la science, l'art, le commerce et tout ce que nous appelons civilisation, nous trouvons le même frein agissant toujours sur ce progrès ; et les processus sociaux réellement vitaux de production et de distribution, lourdement blessés par le combat financier et le carnage qui fait toujours rage parmi eux.

Le développement réel des gens, la formation d'un physique plus fin, d'un esprit plus raffiné, d'un niveau d'efficacité plus élevé, d'un éventail plus large de plaisirs et d'accomplissements, est entravé et n'est pas favorisé par cette « lutte pour l'existence » artificiellement entretenue, cet effort constant pour éliminer ce qui, d'un point de vue masculin, est « inapte ».

Si nous avons progressé jusqu'à présent, si nous avançons maintenant si rapidement, c'est en dépit et non à cause de notre culture androcentrique.

XIV. UN MONDE HUMAIN.

Dans le passage de la domination d'un sexe au pouvoir égal de deux, à quoi pouvons-nous nous attendre ? Quel effet peut-on attendre sur la civilisation de l'égalité de la féminité dans la race humaine ?

Pour poser en premier lieu la question la plus naturelle : qu'est-ce que les hommes y perdront ? Beaucoup d'hommes sont véritablement préoccupés par cela ; craignant une nouvelle position de servilité et de manque de respect. D'autres se moquent de l'idée même d'un changement de position, s'appuyant comme toujours sur le poing plus lourd. Tant que le combat était le processus déterminant, le meilleur combattant devait nécessairement gagner ; mais dans le réarrangement des processus qui marque notre époque, une force physique supérieure ne rend pas les plus pauvres riches, ni même le soldat un général.

Les processus majeurs de la vie d'aujourd'hui relèvent entièrement du pouvoir des femmes ; les femmes accomplissent de plus en plus avec succès leurs nouvelles relations ; rassembler de nouvelles forces, de nouvelles connaissances, de nouveaux idéaux. Le changement est à nos portes ; qu'est-ce que cela va faire aux hommes ?

Pas de mal.

Comme nous sommes une race monogame, il n'y aura pas de sélection aussi drastique et cruelle parmi les mâles en compétition qui éliminerait la grande majorité comme étant inaptes. Même si certains sont considérés comme inaptes à la paternité, toute la vie humaine leur reste ouverte. La caractéristique la plus importante de ce changement apparaît peut-être ici ; en suivant cette vieille ligne de sélection du sexe, en remettant ce pouvoir entre de bonnes mains et en l'utilisant pour le bien de la race.

La femme, enfin libre, intelligente, reconnaissant sa véritable place et sa responsabilité dans la vie en tant qu'être humain, ne sera pas moins, mais plus, efficace en tant que mère. Elle comprendra que, dans la ligne de l'évolution physique, la maternité est le processus le plus élevé ; et que son travail, en tant que contribution à une race améliorée, doit toujours impliquer cette grande fonction. Elle verra que la bonne filiation est le but de tout le schéma des relations sexuelles et agira en conséquence.

À notre époque, ses facultés humaines étant suffisamment développées, l'homme civilisé peut examiner ses limites sexuelles et commencer à voir quels sont les véritables buts et méthodes de la vie humaine.

Il commence maintenant à apprendre que sa propre nécessité gouvernante du Désir n'est pas *la* nécessité gouvernante de la filiation, mais seulement une tendance contributive ; et que, dans l'intérêt d'une meilleure parentalité, la maternité est le facteur dominant et doit être considérée comme telle.

Admettant lentement et à contrecœur ce fait, l'homme a jusqu'ici reconnu une catégorie de femmes comme mères ; et leur a accordé une contrepartie variable en tant que telle ; mais il n'en a pas moins insisté pour maintenir une autre classe de femmes, interdites à la maternité et simplement soumises à ses désirs ; une relation stérile, espiègle et contre nature, totalement étrangère aux objectifs parentaux et absolument préjudiciable à la société. Tout ce domaine d'action morbide sera éliminé de la vie humaine par le développement normal des femmes.

Il ne s'agit pas d'intervenir ou de punir les hommes ; encore moins d'intervenir ou de punir les femmes ; mais simplement une question de changement d'éducation et d'opportunités pour chaque enfant.

Chacune et tous doivent apprendre la véritable nature et le but de la maternité ; la véritable nature et le but de la virilité ; à quoi sert chacun et lequel est le plus important. Un nouveau sentiment de puissance et de fierté de la féminité s'éveillera ; une féminité qui ne sombre plus dans une dépendance impuissante à l'égard des hommes ; ne se limite plus au simple service domestique non rémunéré ; nous ne sommes plus aveuglés par la fausse morale qui soumet même la maternité à la domination de l'homme ; mais une féminité qui reconnaîtra sa responsabilité prééminente envers la race humaine et qui sera à la hauteur. Ensuite, dans le cadre d'une compétition normale et juste entre les hommes pour la faveur des femmes, ceux qui sont les plus aptes à la paternité seront choisis. Ceux qui ne sont pas choisis vivront célibataires, forcément.

Beaucoup, s'appuyant sur la vieille notion erronée de ce qu'on appelait autrefois la « nécessité sociale » de la prostitution, protesteront contre l'idée de son extinction.

« Il faut l'avoir », diront-ils.

« Nécessaire *à qui ?* »

Pas aux femmes qui y étaient horriblement sacrifiées, sûrement.

Pas à la société, rongée par les maladies dues à cette cause.

Pas à la famille, affaiblie et appauvrie par elle.

A qui alors ? Aux hommes qui le veulent ?

Mais ce n'est pas bon pour eux, cela favorise toutes sortes de maladies, de vices, de crimes. Il s'agit absolument et incontestablement d'un « mal social ».

Une féminité intelligente et puissante mettra fin à cette indulgence d'un sexe aux dépens de l'autre ; et au préjudice des deux.

Dans ce changement inévitable résidera ce que certains hommes considéreront comme une perte. Mais seulement ceux de la génération actuelle. Car les fils des femmes qui entrent maintenant dans cette nouvelle ère de la vie mondiale seront élevés différemment. Ils reconnaîtront la véritable relation des hommes avec le processus primordial ; et soyez étonné que pendant si longtemps les valeurs les plus élevées aient été perdues de vue au profit des valeurs les moins importantes.

Ce seul changement contribuera davantage à promouvoir la santé physique et la beauté de la course ; améliorer la qualité des enfants nés, ainsi que la vigueur et la pureté générales de la vie sociale, que n'importe quelle mesure qui pourrait être proposée. Elle repose sur la reconnaissance de la maternité comme véritable fondement et cause de la famille ; et rejette dans les limbes de toute superstition dépassée cette fausse doctrine hébraïque et grossièrement androcentrique selon laquelle la femme doit être soumise à l'homme et qu'il doit la gouverner. Il a essayé cet arrangement assez longtemps – au grand préjudice du monde. Il en résultera un niveau de bonheur plus élevé ; l'égalité et le respect mutuel entre les parents ; l'amour pur, non souillé par les intérêts personnels des deux côtés ; et un nouveau respect pour l'Enfance.

Avec l'Enfant, considéré enfin comme le but directeur de cette relation, avec toutes les meilleures énergies d'hommes et de femmes déterminés à élever le niveau de vie de tous les enfants, nous aurons un nouveau statut de vie familiale qui sera propre et propre. noble et satisfaisant pour tous ses membres.

Le changement dans tous les domaines variés du travail humain est au-delà du pouvoir de tout prophète actuel de le prévoir avec précision. Nous pouvons clairement prévoir un nouveau degré de féminité ; fier, fort, serein, indépendant ; grandes mères de grandes femmes et de grands hommes. Ceux-ci auront des normes élevées et attireront les hommes vers elles ; par aucune contrainte sauf la loi de l'attraction de la nature. Un monde propre et sain, jouissant du goût de la vie comme il n'en a jamais eu depuis l'enfance raciale, avec des foyers calmes et heureux – c'est ce que nous pouvons prévoir.

L'art, au sens extrême du terme, appartiendra peut-être toujours en grande partie aux hommes. Il semblerait que ce besoin incessant d'expression était, du moins à l'origine, le plus agréable au mâle. Mais les arts appliqués, sous toutes leurs formes, et les arts directement utilisés pour la transmission des idées, comme la littérature ou l'art oratoire, séduisent autant, sinon plus, les femmes que les hommes.

Nous ne pouvons émettre aucune hypothèse sûre quant à la distinction, le cas échéant, qui existera dans le travail humain libre des hommes et des femmes, tant que nous n'aurons pas vu génération après génération grandir dans des conditions absolument égales. Dans tous nos jeux, nos sports et nos coutumes sociales mineures, de tels changements se produiront nécessairement en fonction de la dignité croissante attribuée au tempérament de la femme, au point de vue de la femme ; ne pas refuser du tout aux hommes le plein exercice de leurs pouvoirs et préférences spéciaux ; mais en les classant nouvellement, comme non humains, mais simplement mâles. À l'heure actuelle, nous avons des pages ou des colonnes dans nos journaux, marquées comme « La page de la femme », « D'intérêt pour les femmes », et des titres délimitateurs similaires. De même, nous pourrions avoir des matières distinctement masculines ainsi marquées et spécifiées ; on ne considère pas qu'elle présente aujourd'hui un intérêt humain général.

L'effet du changement sur l'éthique et la religion est profond et vaste. Avec l'entrée des femmes dans la pleine vie humaine, un nouveau principe prend de l'importance ; le principe du service aimant. Beaucoup croient que tel est le principe directeur du christianisme ; mais une interprétation androcentrique l'a complètement négligé ; et faisaient, comme nous l'avons montré, le dogme essentiel de leur foi du désir d'une récompense éternelle et du combat avec un ennemi éternel.

L'attitude féminine dans la vie est totalement différente. En tant que femme, elle doit simplement être elle-même et attirer passivement ; ni pour rivaliser ni pour poursuivre ; en tant que mère, tout son processus est un processus de croissance ; d'abord le développement de l'enfant vivant en elle et la merveilleuse nourriture provenant de son propre corps ; et puis toute la cultivation ultérieure pour faire grandir l'enfant ; tout ce qui surveille, enseigne, garde, nourrit. Dans rien de tout cela, il n'y a ni désir, ni combat, ni expression de soi. L'attitude féminine, telle qu'elle s'exprime dans la religion, en fait un patient accomplissement pratique de la loi ; un processus de grandes améliorations sûres ; un amour et des soins réconfortants sans limites.

Cette pleine assurance d'amour et de puissance ; ce service joyeux et sans fin ; la large disposition pour tous; plutôt que la sélection compétitive de quelques « vainqueurs » ; est la présentation naturelle de la vérité religieuse du point de vue de la femme. Son principe directeur étant la croissance et non le combat ; sa tendance principale étant de donner et de ne pas recevoir ; elle vit et enseigne plus facilement et naturellement ces principes religieux. C'est pour cette raison que l'enseignement plus large et plus doux des sectes unitariennes et universalistes a si particulièrement attiré les femmes, et que tant de femmes prêchent dans leurs églises.

Ce principe de croissance, tel qu'appliqué et utilisé dans la vie humaine en général, aura des objectifs bien autres que ceux qui sont aujourd'hui si douloureusement visibles.

Dans l'éducation, par exemple, sans récompense ni punition comme aiguillon ou appât ; sans concurrence pour susciter effort et animosité, mais plutôt avec le sentiment d'un jardinier envers ses plantes ; le professeur enseignera et les enfants apprendront, dans une aisance et un bonheur mutuels. La loi de l'attraction passive s'applique ici, conduisant à une telle ingéniosité dans la présentation qu'elle suscitera l'intérêt de l'enfant ; et, dans le véritable esprit de promotion de la croissance, chaque enfant bénéficiera de son entraînement le meilleur et le plus complet, sans égard à qui est « en avance » sur lui, ou sur qui « est en retard ».

Nous ne mesurons pas tristement la tige de chou par la tige de maïs, ni ne louons le maïs pour avoir devancé le chou, ni n'incitons le chou à imiter le maïs. Nous nourrissons les deux, jusqu'à leur meilleure croissance, et nous sommes les plus riches.

Que chaque enfant sur terre bénéficie de conditions propices à sa meilleure croissance possible ; que chaque citoyen, de sa naissance à sa mort, ait la possibilité d'apprendre tout ce qu'il peut assimiler, de développer toutes les forces qui sont en lui - pour le bien commun - tel sera le but de l'éducation, sous gestion humaine.

Dans le monde de la « société », nous pouvons nous attendre à des changements très radicaux.

Avec toutes les femmes des êtres humains à part entière, formés et utiles dans une certaine forme de travail ; la classe des oisifs occupés, qui courent sans cesse pour « se divertir » et se « divertir », disparaîtra aussi complètement que la prostituée. Aucune femme ayant un vrai travail à accomplir ne pourrait avoir le temps de s'adonner à des divertissements aussi mesquins ; ou en profiter si elle en avait le temps. Aucune femme ayant un vrai travail à faire, un travail qu'elle aimait et pour lequel elle était bien équipée, un travail honoré et bien payé, ne se lancerait dans un métier contre nature. Les véritables loisirs et loisirs, toutes sortes de sports et de passe-temps sains, appréciés aujourd'hui des deux sexes, resteront bien entendu ; mais la structure établie des « fonctions sociales » — si ridiculement mal nommée — disparaîtra avec les « femmes de la société » qui la rendent possible. Autrefois membres actifs de la vraie société ; aucune femme ne pouvait retourner dans la « société », pas plus qu'un roughrider ne pouvait retourner à son cheval de bataille.

On peut s'attendre avec confiance à un nouveau développement vestimentaire, sage, confortable, beau, à mesure que la femme devient plus humaine. Aucune créature pleinement humaine ne pourrait tenir la tête haute face aux absurdités que nos femmes portent aujourd'hui – et qu'elles portent depuis des siècles mornes.

Ainsi, dans tous les aspects de la vie, nous pouvons rechercher des changements rapides et de grande portée ; mais naturel et tout pour de bon. Cette amélioration n'est pas due à une quelconque supériorité morale inhérente aux femmes ; ni à aucune infériorité morale des hommes ; À l'heure actuelle, les hommes, plus humains, sont en avance sur les femmes dans tous les domaines distinctement humains ; Pourtant, leur masculinité, comme nous l'avons montré à plusieurs reprises, déforme et défigure leur humanité. La femme, étant par nature le type racial ; et ses fonctions féminines s'apparentent bien plus aux fonctions humaines que celles essentielles à l'homme ; apportera dans la vie humaine une influence plus normale.

Sous cette influence plus normale, nos perversités actuelles en matière de fonctions tendront bien entendu à disparaître. La tendance directement utile des femmes, telle qu'elle se manifeste à chaque étape de leur travail public, n'acceptera guère les vieilles traditions d'absurdité. Il nous suffit d'examiner des faits enregistrés depuis longtemps pour voir ce que les femmes font – ou tentent de faire, lorsqu'elles en ont l'occasion. Même dans leur passé paralysé et étouffé, ils ont déployé de vaillants efforts – pas toujours sages – en matière de charité et de philanthropie.

De nos jours, cela se manifeste partout dans notre pays par les clubs de femmes. De petits groupes de femmes, se rassemblant dans des relations humaines, au début peut-être dans le seul but de « améliorer leur esprit », se sont développés et se sont répandus ; combinés et fédérés ; et dans leurs grands rapports, représentant des centaines de milliers de femmes, nous trouvons un splendide témoignage du travail humain. Ils s'efforcent toujours d'améliorer quelque chose, de prendre soin de quelque chose, d'aider, de servir et d'en bénéficier. Dans « l'amélioration du village », dans les bibliothèques itinérantes, dans les cours magistraux et les expositions, dans la promotion d'une bonne législation ; dans de nombreux efforts nobles, nos clubs de femmes montrent ce que les femmes veulent faire.

Les hommes ne sont pas obligés de faire ces choses dans leurs clubs, qui sont principalement destinés au plaisir ; ils peuvent accomplir ce qu'ils souhaitent par les canaux réguliers. Mais le caractère et l'orientation de l'influence des femmes dans les affaires humaines sont établis de manière concluante par les choses qu'elles font et tentent de faire déjà. Dans ces pays, et dans nos propres États, où ils sont déjà des citoyens à part entière, la législation qu'ils ont introduite et promue a le même caractère bienfaisant. La femme normale est une créature forte, aimante et serviable. Le genre de femme que les hommes ont peur de confier le pouvoir politique, qu'elle soit égoïste, oisive, exagérée ou ignorante et bornée, n'est pas normal, mais est la créature des conditions que les hommes ont imposées. Nous n'avons pas besoin d'avoir peur d'elle, car elle disparaîtra avec les conditions qui l'ont créée.

Autrefois, sans connaissance des sciences naturelles, nous acceptions la vie comme statique. Si, étant nés en Chine, nous avons grandi avec des femmes aux pieds liés, nous avons supposé que les femmes étaient telles et devaient le rester. Nées en Inde, nous acceptions l'enfant-épouse, l'enfant-veuve pitoyable, le *sutte* extatique , comme des expressions naturelles de la féminité. À chaque époque, dans chaque pays, nous avons supposé que la vie était nécessairement ce qu'elle était : un fait immobile.

Tout cela s'efface rapidement dans notre nouvelle connaissance des lois de la vie. Nous constatons que la croissance est la loi éternelle et que même les rochers changent lentement. La vie humaine est considérée comme aussi dynamique que toute autre forme ; et le plus certain, c'est que cela va changer. À la lumière de cette connaissance , nous n'avons plus besoin d'accepter le fardeau de ce que nous appelons le « péché » ; la misère collective de la pauvreté, de la maladie et de la criminalité ; les processus fastidieux, inefficaces et inutiles de la vie d'aujourd'hui, comme nécessaires ou permanents.

Nous n'avons qu'à apprendre les *véritables* éléments de l'humanité ; ses véritables pouvoirs et caractéristiques naturelles ; pour voir en quoi nous sommes gênés par les idées fausses et les habitudes héritées des générations précédentes, et nous en détacher – alors nous pouvons introduire rapidement et en toute sécurité un niveau de vie bien plus noble.

De tous les obstacles paralysants aux idées fausses, nous n'en connaissons pas de plus universellement nuisible que cette erreur fondamentale concernant les hommes et les femmes. Compte tenu de la vieille théorie androcentrique, et nous avons une culture androcentrique – celle que nous connaissons jusqu'à présent ; ce court tronçon que nous appelons « histoire » ; avec son bilan fier et pitoyable. Nous avons fait des merveilles en matière de croissance ascendante, car la croissance est la loi principale et on ne peut pas y résister totalement. Mais nous avons entravé, perverti, temporairement stoppé cette croissance, âge après âge ; et à maintes reprises, une nation donnée, très avancée et prometteuse, a sombré dans la ruine et a laissé une autre se charger de sa tâche d'évolution sociale ; répéter ses erreurs – et son échec.

L'une des principales causes du déclin des nations est « le mal social », entièrement dû à la culture androcentrique. Un autre échec constant et sans fin est la guerre – due à la même cause. Le plus grand de tous est la pauvreté ; cette maladie qui se propage qui grandit avec notre croissance sociale et qui se manifeste de la manière la plus horrible quand et où nous sommes le plus fiers, au pas, pour ainsi dire, avec la richesse privée. Cela aussi, dans une large mesure, est dû aux idées fausses sur l'industrie et l'économie, fondées, comme les autres mentionnées, sur une vision entièrement masculine de la vie.

En changeant notre théorie sous-jacente en la matière , nous changeons toutes les hypothèses qui en résultent ; et c'est cette modification de notre théorie fondamentale de la vie qui est préconisée.

La portée et le but de la vie humaine dépassent entièrement le domaine des relations sexuelles. Les femmes sont des êtres humains, tout autant que les hommes, par nature ; et en tant que femmes, elles sont encore plus sensibles aux processus humains. Pour développer la vie humaine dans ses véritables pouvoirs, nous avons besoin d'une citoyenneté pleinement égale pour les femmes.

Le grand mouvement féministe et le mouvement ouvrier d'aujourd'hui font partie de la même pression, du même progrès mondial. Une démocratie économique doit reposer sur une féminité libre ; et une féminité libre mène inévitablement à une démocratie économique.